正向心态

初创企业
如何打破硅谷模式实现跨越

[美]桑德拉·施皮尔贝格◎著
（Sandra Shpilberg）
池明烨◎译

New Startup
Mindset

TEN MINDSET SHIFTS TO BUILD THE COMPANY
OF YOUR DREAMS

中国出版集团
中译出版社

图书在版编目（CIP）数据

正向心态：初创企业如何打破硅谷模式实现跨越／（美）桑德拉·施皮尔贝格著；池明烨译 .-- 北京：中译出版社，2023.8

书名原文：New Startup Mindset
ISBN 978-7-5001-7410-3

Ⅰ.①正… Ⅱ.①桑… ②池… Ⅲ.①公司—企业管理 Ⅳ.① F276.6

中国国家版本馆 CIP 数据核字（2023）第 140439 号

New Startup Mindset © 2021 Sandra Shpilberg.
Original English language edition published by Girl Friday Books 318 W Galer Street Suite 101, Seattle Washington 98119, USA.
Arranged via Licensor's Agent: DropCap Inc.
All rights reserved.
著作权合同登记号：01-2023-0988

正向心态：初创企业如何打破硅谷模式实现跨越
ZHENGXIANG XINTAI: CHUCHUANG QIYE RUHE DAPO GUIGU MOSHI SHIXIAN KUAYUE

著　　者	［美］桑德拉·施皮尔贝格
译　　者	池明烨
策划编辑	于　宇　华楠楠
责任编辑	于　宇
文字编辑	华楠楠
营销编辑	马　萱　钟筏童
出版发行	中译出版社
地　　址	北京市西城区新街口外大街 28 号 102 号楼 4 层
电　　话	（010）68002494（编辑部）
邮　　编	100088
电子邮箱	book @ ctph.com.cn
网　　址	http://www.ctph.com.cn
印　　刷	固安华明印业有限公司
经　　销	新华书店
规　　格	880 mm×1230 mm　1/32
印　　张	7.25
字　　数	116 千字
版　　次	2023 年 8 月第 1 版
印　　次	2023 年 8 月第 1 次印刷

ISBN 978-7-5001-7410-3　　　　定价：69.00 元

版权所有　侵权必究
中译出版社

谨以此书，
献给科比（Coby）和卡琳娜（Karina）。

我们刚搬到帕洛阿托时，
我称赞他们适应性强、有韧劲。
他们说："我们可是巴西人，
而且这不是和你们到处搬家锻炼出来的吗？！"
对！他们是我们的孩子，
是我们共同创造出来的最心爱的孩子。

当你学有所悟,就分享你的领悟。
当你业有所成,就回馈你的成就。

——玛雅·安吉洛(Maya Angelou)

如果你属于以下情况，本书可以帮到你：

- 你想创业，可是提不起勇气。
- 你想创业，但要等 X、Y、Z 这几个条件满足了才能去做。
- 你怕辛苦，又怕倦怠。
- 你怕创业文化不适合自己。
- 从风险投资人那里募集资金？你根本无法想象。
- 你想要财务自由。
- 你想要内心自由。
- 你想要追寻生命的意义。

推荐序

桑德拉·施皮尔贝格（Sandra Shpilberg）是追寻者健康服务公司（Seeker Health）的创始人兼首席执行官。在本书中，她为所有企业家指明了一条清晰的道路：解决真正的问题，取悦员工和客户，维持公司的可持续发展和赢利能力。这个模式基于久经验证的商业原则，简单易懂，将会改变你的营商和生活方式。

施皮尔贝格让我们可以换一个角度来看待创业，看待扩大企业规模以及取得成功的方式。硅谷的创业模式是这样的：各大投资人纷纷投资于以白人男性为主的创始人（2020年，女性创始人获得融资的占比从2.8%减少到2.3%），资金涌入尚未取得可持续业绩的企业，美其名曰是为了打造"独角兽企业"。可实际上，这种模式只对极少数的幸运儿奏效。因此，这个创业模式会误导下一代企业家，也给了他们虚假的希望。而施皮尔贝格生动展示出这绝非唯一的成功之道。

世界需要创新企业家，这个需求比以往任何时候都要殷切，而施皮尔贝格树立了成为创新企业家的重要典范。无论是在营商还是生活中，疫情都帮助许多人厘清了优先事项。如今，我们创办的企业不但要刺激消费，更要实现业务的可持续发展，应对气候变化、医疗保健和教育等重大问题。创业之路也是锐意创新之路，可以为这个世界带来最重大的影响。

在这本书里，你会切实了解到创业之路的现实情况。创业之路从来不是笔直的康庄大道，也不是一味地追求最终结果。要迈向成功，过程总是比你预期或计划的更加曲折。我在《创业的跌宕起伏：坚韧企业家的奥秘》(*Startups and Downs: The Secrets of Resilient Entrepreneurs*) 这本书里也强调了这一点。

然而，大多数企业家起初并没有想过真实的发展定律。他们会设定远大的愿景，以为只要通过几个（艰难的）步骤，就可以实现目标。其实，这在绝大多数情况下都是行不通的。大笔融资或许会让创业者心潮澎湃，却未必能满足企业当时真正的需要。要是急于求成，短期内或许看似成功了，却会妨碍企业的长远发展。

推荐序

心理自助类图书知名作家罗伯特·柯里尔（Robert Collier）说过："成功是日复一日的点滴努力的总和。"要坚持不懈、有的放矢地采取行动，推动工作进程。只有反反复复地采取行动，才能实现愿景。

身为企业家，无论你目前在后退、前进还是转型，都应该有恒心、有重点，清楚地知道什么需要关注，并持之以恒地投入专注力，这样才能取得进步。失败了不要紧，只要能充分吸取经验教训，失败也是进步。要牢牢盯住目标，维持良好的势头，才能做出实际的业绩。

这本书会让你眼界大开并从中得到启发，让你心中的创业种子长出幼苗。相信你也能创办一家具有影响力的公司，本书会教你怎样去做。

莫娜·比乔尔（Mona Bijoor）
B2B 电子交易平台 JOOR 创始人
兴斯圈资本（Kings Circle Capital）合伙人
2021 年 5 月

前 言
▼

硅谷的创业模式是有问题的

有什么是正常的?答案是洗衣机的设置。

——阿什利·珀迪(Ashley Purdy)

如果这是男人的世界,管他呢,那又怎样?

——索菲亚·阿莫鲁索(Sophia Amoruso)

硅谷的创业模式是这样的:创始人是年轻男性,在硅谷的车库里白手起家。他可能是程序员,可能是白人、印度裔或亚裔。联合创始人也属于同一类人群。他入驻了一个名字花里胡哨的创业孵化器,在里面花了3个月,一心研究如何把创意转化为项目,如何做项目展示,获取风险投资。他从创业孵化器和天使投资人处筹集到资金,在接下来的一年里,想着怎样去证明公司具有市场牵引力(traction）①。

他想，要是能募集到更多资金就好了。

他向风险投资人做项目展示。在展示过程中，貌似不经意地提到自己高中一年级在班上排名第一，还曾获评"全国20岁以下的20名顶尖青少年"（Top 20 Under 20）。就这样，尽管企业基本面（营收和利润）还乏善可陈，但就凭着毫无依据的乐观预测和虚无缥缈的估值，他完成了A轮融资。美国著名科技博客TechCrunch报道了他的事迹，炒作机制开始运作。

他为融资四处奔走，筋疲力尽，但还是靠着体内仅剩的肾上腺素，强打精神去发展公司。他支付不菲的薪水，聘用一批程序员和"心智成熟的聪明人"。他在旧金山租赁了光鲜亮丽的办公室，眺望窗外可以看到吊桥亮灯的美景，公司还提供丰盛的自助餐，供员工免费享用。公司要发展业务，可是他大部分时间都用来募集资金。每一轮融资都获得更多科技媒体的报道，虚无缥缈的估值节节攀升。

有报道说，他的公司估值1 000万美元！他的父亲把

---

① 根据股权众筹鼻祖、美国股权众筹平台AngelList联合创始人纳瓦尔·拉维坎特（Naval Ravikant）给出的定义，市场牵引力是市场需求的量化证据。——译者注

前　言

这篇文章转发到脸书①上。这下他算是闯出来了。他心满意足，开始自我膨胀。即便公司没有付费客户，光是一年就亏损了300万美元，但那又有什么关系呢？

他知道，每融资一轮，自己持有的股权就会遭到稀释。可是要发展一家新公司，创始人哪有不稀释股权的呢？这就是初创企业的模式嘛。毕竟，投资者名单上有这些大名鼎鼎的风险投资人，他铁定会成功的。

可是，客户没有来，或者来了又走，风险投资人也不来出席董事会会议了。公司花着投资者的钱，又挣扎着强撑了两年。他之前把TechCrunch的文章用极小的字体印了出来，放在钱包里，不时拿出来翻看。可是，公司面临的困境早有预兆——要有付费客户才行。可是他不管这个，心想只要再融资一轮就好。

只要再融资一轮，他的梦想便会成真。他的初创企业便会成为那0.05%的成功案例：投资者一直出席董事会会议，公司最终上市，通过首次公开募股（IPO）出售股权，把公司的持续亏损转嫁给公开市场的投资者。

然而，我要说的是，硅谷的创业模式是有问题的。因

---

① 脸书即Facebook，2021年10月23日更名为Meta。——译者注

正向心态：初创企业如何打破硅谷模式实现跨越

为它无视营收和利润等实际业绩，而过分注重炒作，寄希望于天花乱坠，但实际上不太可能实现的预测。这个模式本身就给人套上了枷锁，每一天都妨碍着许多富有创造力的人创办和发展自己的公司。

想要创办一家具有影响力的公司，还有另一条路可以走。2015—2018 年，我带领自己创办的公司 Seeker Health 从零做起，把公司发展成为领先的患者招募平台，为生物技术领域的 40 多家公司提供服务，每年的营收都翻一番，利润按年增长两倍。我们招募了数百万重症患者参与临床试验，让他们接受研究型治疗。2018 年，生命科学服务领域的一家大型企业集团收购了我的初创企业。

在创业过程中，我所做的一切几乎都摒弃了传统模式：我选择一个人成立公司，没有入驻创业孵化器，没有接受天使投资人或风险投资人提供的外部融资。我从第一天起就为客户提供有价值的服务，并为此收费。我不是程序员，却带领团队研发软件。我尽量少雇人，打造出自动化软件，通过这台"机器"的运作扩大业务规模。我们在一个共享办公空间里，办公室只有步入式衣帽间那么大。我们不提供免费餐，但允许员工周五在家办公。我不追求虚无缥缈的估值，但是注重提升营收和利润——企业要持续蓬勃发展,这两项才是基本指标。我不做天花乱坠的预测,不炒作,不自我膨胀,而是一心获取付费客户,为客户提供更优质的服务。

噢,我差点儿忘了给自己贴个标签:我是女人,是乌拉圭移民,还有两个在上学的孩子,每天需要睡够 8 小时。

我已经走过了创业征程,退出公司了。要知道,你也可以抛开硅谷的创业模式,建立新的创业心态,打造自己梦想的企业。你值得这一切!

踏上这段征程之前,我先来破除有关初创企业的几个有害迷思吧。这些迷思源自那个有问题的创业模式,会给创业者套上枷锁,造成破坏和伤害,必须马上破除。不然,这些迷思可能会像"打地鼠"游戏里的地鼠一样,在你心里冒出来,阻碍你前进的步伐。接下来,我们就来逐一讨论。答应我,当你往下看的时候,要是这些迷思在心头浮现,就要像消灭讨厌的地鼠一样,狠狠地把它们消灭掉。

迷思 1:不打造出独角兽企业,就什么都不是。

在有关初创企业的迷思中,我先来破除最危险的一个:不创办出一家可以比肩 Meta 或谷歌(Google)的公司,你和你的公司就什么都不是。这绝对不是真的。独角兽企业是估值在 10 亿美元以上的初创企业。[①] 这个概念由风险投资人阿里·李（Aileen Lee）在 2013 年第一个提出。他选择这种神话传说中的虚构动物，是为了表示这样的企业在统计学上有多么罕见。你大可设定雄心勃勃的目标，但要知道，许多公司始终没有成为独角兽企业，也可以产生深远的影响。在独角兽之外，还有狮子、长颈鹿、马、瞪羚等各种动物。这些动物都是真实存在的，同样也能吃饱吃好。

迷思 2：你就是你的初创企业。

不是的，你不是你的初创企业。你是人，只想在这个地球上、在有限的时间里、在这个躯体内活出生命的意义。你或许会投入 3 年、5 年、10 年、20 年时间发展自己的公司，这家公司或许能存活到你过世以后，或许不能。这家初创企业不是你，你也不是这家初创企业。我们必须及早破除这个迷思。就算你创办的公司倒闭了，你也不会就此一命呜呼。

[①] 独角兽企业是指那些在较短时间内（创业 10 年以内），被私募或公开市场投资人或机构估值超过 10 亿美元且暂未在主板市场上市的创业创新企业。——译者注

迷思 3：你需要联合创始人。

你不需要联合创始人。事实上，联合创始人可能会妨碍你的公司取得成功。研究显示，一个人创办的企业比团队创办的企业平均存续时间更长。此外，一个人创办的企业比两个人创办的企业平均营收更多。[①] 因此，别再等待联合创始人出现；别再像在约会软件上找对象一样，在找联合创始人的网站和活动中苦苦寻觅了。你一个人就能创办自己的公司，并不会有什么缺失。

迷思 4：做得越辛苦，就越成功。

做得越好，就越成功，而做得好不等于工作时间长。做得好不好，是按工作质量和效能衡量的。我可以花 80 小时给从未联系过、也不会搭理我的潜在客户打推销电话；也可以花 5 小时有针对性地与 5 位愿意与我互动的潜在客户会面，每人聊上 1 小时。那 80 小时的推销电话多半不会为我的初创企业带来 1 分钱营收；而那 5 小时的有针对性的会面多半能为我的初创企业带来至少 50 万美元的营收，

[①] Jason Greenberg and Ethan R. Mollick, "Sole Survivors: Solo Ventures Versus Founding Teams," *SSRN*, January 23, 2018. http://dx.doi.org/10.2139/ssrn.3107898.

也省去了我不停被人挂电话而灰心丧气的苦恼。别盲目地加班加点，要想办法把事情做得更好。

迷思 5：我需要风险投资人为初创企业提供资金。

要为初创企业提供资金，还有许多其他选择，我会在本书第四章里详细介绍。我自己就完全没有接受外部融资，而是凭着为客户提供服务创造营收，把公司发展壮大。等到 Seeker Health 被收购，我还是公司唯一的所有人。从个人财务的角度来说，你可以这样想想：我打造出一家独角兽企业的概率本来就很低；经过多轮融资，我手上的股权只余下 2%；而发生清算事件时，我最后才能得到偿付。又或者，我可以持有一家"瞪羚企业"100% 的股权，最先得到偿付。归根到底，有些企业需要风险投资人，但也有许多企业是不需要的。而那些需要风险投资人的企业也要明白这一点：投资者也希望被投公司是具有市场牵引力的。所以无论如何，在初创企业发展早期，你多半都必须在没有风险投资人的情况下，设法维持公司运营，推动业务增长，证明公司具有市场牵引力。

前言

迷思 6：只有年轻的白人男性才能成功创业。

不是的。尽管那些从大学退学、成功创业的创始人形象广为人知，但其实，成功创业者的平均年龄是 45 岁，而且年长的创始人比年轻的大学生表现更佳。① 就算你看不到年纪和你差不多的人创办和发展企业，这也不会影响到你的创业征程。世上只有一个你，你可以创造的成果与众不同。如果你要走的路没有其他人走过，大可以独自把这条路走出来：为了你，也为了和你差不多、跟随你脚步的人，去把路走出来。抛开所有标签，大胆地去做吧！

迷思 7：我的初创企业需要运气。

事在人为。生活中有很多事是我们不可控的，但我们可以控制的是我们怎样"现身"②，怎样有效地做事、创造和发展。你要依靠自己的技能、专注力、敬业态度、人脉关系，还要懂得休息和恢复。"倒霉"或"失败"是有用的

---

① Pierre Azoulay et al. "Research: The Average Age of a Successful Startup Founder Is 45," *Harvard Business Review*, July 11, 2018. https://hbr.org/2018/07/research-the-average-age-of-a-successful-startup-founder-is-45.

② 伍迪·艾伦（Woody Allen）说过："生命中百分之八十的成功来自你愿意'现身'。"这里的"现身"常被人引用，并有不同理解，大意是"付出努力"或"开始"。——译者注

数据，可以指引你改变方向。我们所说的"运气"，不过是生活指引你改变方向，走上你能够创造出最佳成果的道路。你招不来好运，但可以运用自己的技能、专注力和正念①，把这些方面投入创业之中。

我明白，我或许应该做一下自我介绍才能让你更好地了解我面临的障碍，欣赏我取得的成功，洞悉我存有的偏见。

我们来玩一下"真诚连接"游戏吧。这个游戏叫作"如果你真的了解我的话"。游戏规则是这样的：你和我配对，我们轮着来。每句话都是以"如果你真的了解我的话，你会知道……"为开头。我先来，两分钟后，我们会调换角色。

现在就开始吧！

如果你真的了解我的话，你会知道……

我出生于乌拉圭。那是南美洲的一个小国，夹在阿根廷和巴西两个大国之间。为了逃离波兰和罗马尼亚境内的纳粹大屠杀，保住性命，我的祖父母坐上了横渡大西洋的船，去了一个没有人听说过的国家。

---

① 正念是以一种特殊的方式集中注意力：有意识地、不予评判地专注当下。——译者注

前 言

如果你真的了解我的话，你会知道……

在乌拉圭，我的父亲做着两个小生意——经营五金店和家具制造厂，而我的母亲在银行担任财务顾问。家里有三个收入来源，却也并不宽裕。所以，父亲梦想着举家移民到"工作狂"文化更浓——呃，更富饶的国家。他怀有远大的梦想，也总是以合法的方式赚钱。

如果你真的了解我的话，你会知道……

我有两个弟弟，我很喜欢他们。这一点很重要，因为自3岁起，我就会给男性下指令了。

如果你真的了解我的话，你会知道……

1992年，也就是我16岁那年，我们全家合法移民到美国。我们绿卡在手，却没有冬衣，英语词汇也相当贫乏。在那人类历史上最寒冷、最灰暗、最悲伤的一天，我们来到了纽约市布鲁克林区。我把熟悉的人和事物都留在身后，学会了怎样在痛苦中加把劲，采取行动，生存下来。这也是让我成长最多、对我影响最深远的经历。

如果你真的了解我的话，你会知道……

在美国这片"机会之地"上，我家可比在乌拉圭的时候穷多了。上学第一天，我就收到了厚厚的一沓红色餐券。我大惑不解，问："这是什么？"校办主任回答："免费校餐。"原来，由于我父母收入十分可怜，我有资格在学校免费吃早餐和午餐。

如果你真的了解我的话，你会知道……

我（以前）属于彻头彻尾的 A 型人格。小时候，我只喜欢三位数的分数，考试考了 98 分也要哭上一场。我喜欢待办事项清单，讲求效率。这样的倾向给我带来了不少好处。我是家里第一个大学毕业生，在一所常春藤盟校拿到了研究生学位。我创办了一家公司，把公司发展壮大，公司最终被收购，让我实现了财务独立。我接受过心理咨询，去"感受自己的感觉"；学会了保持正念，应对压力；遇到恐惧，就一拳冲它丑陋的嘴脸挥过去。

如果你真的了解我的话，你会知道……

我嫁给了高中时的恋人。他也是移民和企业家。我们的婚姻关系相对稳定，这给了我坚实的后盾，让我大胆地去创造不稳定的收入来源。我们充满爱意地生了两个孩子。孩子们容忍我们边吃饭边聊生意，也没产生过敏反应。

如果你真的了解我的话，你会知道……

我改变了心态，生活就起飞了，感觉充实而自由。我想分享一下自己是怎样转换心态的，让你也可以转换自己的心态。

好了，我的两分钟早就到了。

真诚分享的感觉很好，我也很想了解一些你的状况。接下来，轮到你做两分钟"真诚连接"了。请访问我的网站sandrash pilberg.com/know，在上面做分享吧，你可以选择匿名。

我为何要写这本书？

心态是指你既定的态度。无论你是否意识到，你所做的一切、如何去做，都受到心态的影响。初创企业是经营处于最初阶段的公司。在这个阶段，初创企业往往在确认产品／市场契合点（PMF），聘用第一批员工，获取企业发展和增长所需的资源。最重要的是，初创企业要努力生存，避免夭折。你创办和发展一家公司的心态，是企业得以成

正向心态：初创企业如何打破硅谷模式实现跨越

功的根基。

我之所以要写这本书，是为了向创业者介绍怎样采取一种正向心态，去创办和发展一家具有影响力的公司；也是为了破除有关初创企业的有害迷思，让创业者真切地了解如何创办一家能够提供价值的公司。极度匮乏和极度冗余都是要付出代价的，在这里，我诚挚邀请你走中间路线。

这本书是为创业者写的。这些人想要从无到有去创造和发展一件事物，产生最深远的影响，就需要有足够的勇气和耐力去行动、去实现。你或许想要创办一家公司，写一本书，拍一部电影，打造一个课程，甚至是建立起一个商业帝国。无论你的梦想是什么，这本书介绍的心态转换都可以为你指引路线，帮助你取得丰硕的成果。

本书将帮助你找到这条中间路线。在这条路上，你可以谨记自己的意图和核心价值观，用心去创造；你不是盲目地走前人走过的路，而是用心体会，走出一条适合自己的路，创造自己想要的成果。此时不做，更待何时？鼓励你现在就去创造，本书将帮助你为客户、员工、你自己和业务触及的所有人创造重要价值，释放你的自由。

这本书分为三部分，对应创业周期的三个阶段。

前 言

第一部分：开始。在这部分，我会着重介绍怎样从零开始去创造。头一个阶段要投身于未知，这就需要我们转换心态，鼓足勇气。

第二部分：发展。在这部分，我会着重介绍如何推动企业增长。这个阶段就像跑马拉松，需要我们保持耐力、毅力，遇到障碍，跌倒了就爬起来。

第三部分：退出。这个商业术语是指你要为自己在初创企业中的角色画上圆满的句号。你可以终身经营初创企业，直到生命结束的那一天才放手；但大多数创始人都会计划选择在合适的时机功成身退。退出的形式包括被其他公司收购（估值视你创造的价值而定）、首次公开募股等机制。在合适的时机退出，或许能为你带来巨大的财富。在这部分，我会分享潜在收购方提出收购 Seeker Health 时，我是怎样评估收购要约的。

在每章开头，我都会讲一下自己创办和发展 Seeker Health 的创业小故事。诚然，我的故事只是一个故事而已，但我希望你可以从中了解我的创业过程、想法和感觉，以此对照自己的经历，借此机会创造出不一样的成果。

接下来是"给创业者的忠告"，帮助你转换心态。这主要是我从亲身经历总结出来的心得体会。当然了，你自己会有不一样的经历。另外，我还加入了一些有证据支持的研究结论，证明许多忠告的道理所在。

每章都包含一节"引导式冥想"，帮助你想象场景，内化想要做出的心态转换。这里的冥想引导词，你最好想象由冥想老师（例如塔拉·布莱克[①]或杰克·康菲尔德[②]）用柔和舒缓的声音为你念出来，为了方便像你这样忙碌的创造者，我在每章末尾附上了"本章要点"。

为了保护若干公司和人士的隐私，我更改了一些人名、公司名以及可识别身份的特征。

我写自己的创业小故事，是按照时间排序的。你可以从头看到尾，也可以不按时间先后顺序，想看哪个章节就看哪个章节。保持正念，觉察你想看的那一章为何在当下最能吸引你的注意力。觉察当下有什么吸引了你，有什么让你感到排斥，智慧便从中升起。

最后，我必须说明两点。第一，我要承认自己在现实生活中享有一定特权。我是白人，接受了很好的正式和非

[①] 塔拉·布莱克（Tara Brach），临床心理学家，佛法老师，在家居士，也是极受人爱戴的内观禅修老师。——译者注

[②] 杰克·康菲尔德（Jack Kornfield），曾师从阿姜查等著名南传佛教大师，他是临床心理学博士，身兼佛学老师和心理治疗师，是美国很受欢迎的内观禅修老师。——译者注

前言

正式教育。我成年后不曾失业。除非是自己不想吃东西，我从未真正忍饥挨饿。第二，我一直以来都有家可归。我的丈夫菲尔（Phil）有工作，我创办 Seeker Health 时，银行里有存款。

本书中有我目前对正向心态的看法，这个看法与硅谷的创业模式不一样，始终值得分享。但我不是万事通，我始终在学习。

好了，我准备好了。你准备好了吗？

让我们来开启创业征程吧！

目录

第一部分 开始

第一章 初学者心态
- 一、创业小故事 - 005
- 二、给创业者的忠告：培养初学者心态 - 012
- 三、简单的练习：给内心批评的声音写一封信 - 014
- 四、引导式冥想：第一次 - 016
- 五、本章要点 - 018

第二章 "单一深度专注"状态
- 一、创业小故事 - 023
- 二、给创业者的忠告：培养"单一深度专注"状态 - 027
- 三、分心这头"怪兽"及其分泌的"毒液" - 031
- 四、怎样驯服分心这头"怪兽" - 034
- 五、"单一深度专注"的习惯 - 034
- 六、引导式冥想："单一深度专注"状态 - 037
- 七、本章要点 - 039

第二部分　发展

第三章　迈步向前

一、创业小故事 - 045

二、给创业者的忠告：今天可以迈出的最明智的下一步 - 049

三、引导式冥想：找到你最明智的下一步 - 051

四、本章要点 - 053

第四章　钱再多，也买不到……

一、创业小故事 - 057

二、给创业者的忠告：付费客户的力量 - 062

三、引导式冥想：热情、聪明才智和决心 - 064

四、本章要点 - 065

第五章　为付费客户带来全方位转变

一、创业小故事 - 069

二、给创业者的忠告：人有很多需求，为他人服务，实现具有影响力的转变 - 072

三、引导式冥想：与服务他人的能力相联结 - 075

四、本章要点 - 076

第六章　与竞争对手交流

一、创业小故事 - 081

二、给创业者的忠告：市场定位的重要性 - 087

三、引导式冥想：花园里有自己的位置 - 089

四、本章要点 - 090

第七章　聘用能干的"一张白纸"

一、创业小故事 - 095

二、给创业者的忠告：成长型思维、使命和平衡 - 097

三、你要打造出怎样的团队 - 098

四、引导式冥想：每位团队成员都有自身的价值 - 106

五、本章要点 - 108

第八章　紧闭的门

一、创业小故事 - 111

二、给创业者的忠告：塞翁失马，焉知非福 - 115

三、引导式冥想：自省消极体验 - 119

四、本章要点 - 120

第九章　防止倦怠

　　一、创业小故事 - 125

　　二、给创业者的忠告：防止倦怠 - 130

　　三、静修 - 142

　　四、引导式冥想：具身放松 - 144

　　五、本章要点 - 145

第三部分　退出

第十章　大胆地提出很棒的条件

　　一、创业小故事 - 151

　　二、给创业者的忠告：提出自己想要的条件 - 178

　　三、引导式冥想：你想把什么留在身后 - 183

　　四、本章要点 - 184

结语 - 185

致谢 - 189

参考文献 - 197

第一部分

开始

第一章
初学者心态

你无须畏惧不知道的事情。这可能是你最大的优势,这会让你的做事方式与别人都不一样。

——萨拉·布雷克里(Sara Blakely)

斯潘克斯(Spanx)创始人兼首席执行官

一、创业小故事

"这是什么时候开始的?"医生问。我想着要怎么回答。"什么时候开始"这个问题,未必有那么明确的答案。是嗓子哑了的时候?还是在飞机 18A 号座位上的那个家伙朝我打了个喷嚏的时候?又或者是我上飞机的时候?还是在此之前,我的喉咙已经有点痒了呢?

要确切地说出我是什么时候开始蠢蠢欲动想要创业的,正是前述同样的感觉。是我任职于拜玛林制药公司(BioMarin)期间,夜不能寐,想着要怎样为罕见病治疗招募患者的时候吗?还是我一觉醒来,意识到自己做了个梦,梦见自己经营一家公司,加快招募患者的时候?还是在 20 世纪 90 年代末,我向一群天使投资人做项目展示,讲述自己创建一个西班牙语交易平台的设想,而对方叫我别那么幼稚的时候？还是在乌拉圭，我连英语都不会说，在父亲小小的五金店里打下手，他教我怎样取悦顾客，就算顾客只买一条 10 英尺①长的白色电缆，也要尽心服务的时候？或许比那更早，是我 6 岁的时候，老师问我长大了想做什么，我回答："长大了，我要指挥别人做事。"童言童语，那会儿我还说不出更老于世故的话，如"我想做创始人、领导人、高管"，总之是指挥别人做事的工作。

要说 Seeker Health 的种子是什么时候萌芽的，可以追溯到 2015 年 11 月。当时，我任职于诺拉医药科技公司（Nora Therapeutics）。那是生物技术领域的一家初创企业，我在此公司中担任战略营销和商业规划副总裁，筹备推出复发性流产的潜在新疗法。

新疗法还处于临床试验阶段，在严格控制的条件下，在人体上做研究型试验以取得必要的临床数据，须获得美国食品药品监督管理局（FDA）等监管部门批准。诺拉公司团队正努力招募临床试验参与者，并且越快越好。临床试验每过一个月，都会花费掉巨额资金。诺拉公司从 5 家风投公司募集了资金。可是，到我加入时，公司的现金生

---

① 1 英尺 =0.3048 米。——译者注

第一章 初学者心态

命周期已经到了最后一年,也就是说,账上的钱在1年内就会被花光。一方面,临床试验网站招不满所需的参与者;另一方面,我又凭直觉知道,复发性流产的女性在网上就有,脸书(现 Meta)上就有不少。

流产会给女性带来锥心之痛。我在2006年流产过,从那段经历深切体会到,流产被严重污名化,令流产的女性产生强烈的耻辱感。大多数流产不过是物竞天择,是人体淘汰有缺陷的胚胎的结果。可是,流产的女性往往会感到愧疚、抑郁、孤独,却无处倾诉。要和家人或闺密讨论流产这件事吗?她们会顾虑重重:要是婆婆担心无人传宗接代,感到绝望怎么办?要是连闺密也觉得流产是会"传染"的怎么办?于是,这些女性到社交平台群组和社区页面上向陌生人寻求支持,获取信息,她们彼此感同身受。

我亲身体会到了这个群体的遭遇,便与临床运营副总裁合作,制订了一项广告计划,提高这个受众群体对参与临床试验的意识。我想执行的策略包括:优化在社交平台上投放的合规广告;打造线上预筛选工具,处理患者的私人信息,并确保信息安全无虞;等等。但当时,我们找不到服务供应商来实施这些策略。于是,我自己一点一点地把这个项目做起来,在这项广告计划最成功的阶段,每月都有 90 位女性报名参与临床试验，而诺拉医药科技公司只需要再招募 150 位临床试验参与者。短短几个月，临床试验参与者的招募工作就完成了。

我记得自己与诺拉公司团队、风险投资人和独立董事一起出席董事会会议，评估公司所处的状态。我们分享了临床试验参与者招募工作的进展，风投公司的一位董事说："这个方法真管用。或许我们应该转型为数字营销公司。"众人哄堂大笑，没把这话放在心上。而我记住了这句赞美的话，幻想着搭建一个真正的端到端的患者招募平台（而不是我们匆忙拼凑起来的玩意儿），造福像诺拉这样的公司。临床试验参与者招募工作完成了，是时候等数据出炉了。

大约在同一时间，我父亲过世了。从小到大，他都给了我真正的、无条件的爱。最近 10 年来，他百病缠身，住院住出了不寻常的规律。他会入院几周，往往是住进重症监护室，然后又出院，过上几个月乃至几年相对健康的生活，如此循环反复。最后一次住进重症监护室，他再没能出来。我为他哀悼，也意识到他还没来得及实现在美国创业的梦想，就病倒了。移民到美国后，我父母以打工为生。父亲未了的创业梦想让我蠢蠢欲动，我仿佛听到他的声音，催促我马上行动："桑德拉，你为我们实现这个梦想吧！"

第一章 初学者心态

几个月后,临床试验和数据分析都做完了,诺拉医药科技公司决定终止新疗法研发。我失业了,但有了一个绝佳的创业想法。

2015年11月3日,我没有改简历,没有给招聘人员发电邮,而是登录Legalzoom.com网站,导航到"成立新公司",点击"有限责任公司"(LLC),输入"追寻者健康服务公司"(Seeker Health)。

这个公司名从何而来?在公司成立前的若干个晚上,我哄女儿睡觉,给女儿念《哈利·波特》(*Harry Potter*),念到哈利·波特获选为"找球手"(Seeker)时而产生的。在这个魔法世界里,找球手在魁地奇(Quidditch)球赛中扮演重要角色,负责抓住"金色飞贼"(Golden Snitch)。只有"金色飞贼"被抓住,一场魁地奇比赛才能结束。因此,"找球手"是比赛中极其重要的角色。

魁地奇球赛与罕见病的临床试验有异曲同工之妙。我准备成立的这家公司要扮演"找球手"的角色,努力找到宝贵的"金色飞贼"——罕见病患者。只有"找球手"招募到患者参与临床试验,才能完成临床试验,才能收集数据,才能申请监管部门批准这个新疗法。

除了暴露出我是"哈迷"之外,"Seeker"还有"追寻者"的含义。这个词用来形容我十分恰当：我向来是追寻者，不断追寻知识、智慧、自由、宗旨和影响力，也追寻通往这些目标的道路。

接下来，我设定了以下意图。

- 创办和发展一家公司，利用技术，加快研发重要疗法。
- 学习如何创办和发展一家公司。
- 意识到自己有当企业家的潜力，可以造福患者，也可以让家人过上更好的生活。

我提交了成立有限责任公司的相关文件，设定了意图，接下来就要界定产品/服务，创建网站，把最新消息告诉同事。为了设计公司标志，我聘用了相识的平面设计师中最注重细节、收费最低的一位——我当时12岁的儿子。我给了他30美元，他为Seeker Health设计出来的标志一直沿用至今。

从一开始，公司就专注于制作数字广告，在社交媒体上投放，招募临床试验患者。这项业务不需要投入大量资金。我深信，至少能找到一些顾客愿意尝试。为了加深对社交平台中广告的了解，我咨询了熟人里最精通绩效数字营销的一位——我的丈夫菲尔。他在一家手游用户获取公司做管理，这家公司需要大量投放社交媒体广告，做很多数据分析。没有人比他更适合为我提供指导，给我布置务实的任务了，而且还是免费的。

当时，我已经在生物技术行业做了十几年。但要创办Seeker Health，我觉得自己在方方面面都是初学者。在此之前，我从未成立过一家公司，从未研发过软件产品，从未申请过专利。我从未从零开始组建一支团队，更不要说在员工求助时拍板做决定、激发员工的积极性与营造企业文化。我意识到，继十几年来深耕生物技术领域的广告开发和药物研发自认成了专家之后，我这时竟成了……初学者！

日复一日，我以初学者的身份经营初创企业。没过多久，我就意识到，恰恰是这种初学者心态，才推动着我和Seeker Health向前发展。身为初学者，我不会对自己缺乏经验的事实妄加评判，而是承认自己是新手，并充分发挥新手的好奇心、谦逊态度和耐心。

我现在知道，假如我当时懂得更多，就不会成立这家公司了。假如我当时懂得更多，就会早早知道这项业务有多难做，趁还来得及的时候收手。假如我当时懂得更多，就可能预测到市场竞争有多么激烈,从而打退堂鼓。如果是那样,我就不会创办这家公司了。

我现在知道,只要我开始了,公司本身就会给我指路。

二、给创业者的忠告:培养初学者心态

所谓初学者心态,是指像第一次接触某项任务的新手一样,怀着好奇心、谦逊态度和耐心去应对遇到的一切。

为什么在创业的开始和发展阶段,初学者心态是很有用的呢?

- *初学者充满好奇心。* 阿尔伯特·爱因斯坦(Albert Einstein)说过:"我没有特殊的天赋,我只是极度好奇。"初学者很想去了解、去学习,也坦然接受这一点。
- *初学者怀着谦逊态度。* 初学者不会自以为是,而是心存敬畏,认真对待每一项任务。
- *初学者充满耐心。* 初学者能够接受延迟和痛苦,而不会过分烦恼。要建立一家企业、一段关系,这份忍耐力是至关重要的。

第一章　初学者心态

- 初学者明白,要取得持久的成功,暂时的失败是必经之路。失败是学习的有效工具之一。是的,你失败了,就知道什么是不奏效的,之后可以专注于可能奏效的方法。

- 初学者不需要满足期望,所以是自由的。专家怕辜负自己和他人的期望,所以承受着压力。但初学者——我们是自由的!我们可以自由地创造、走弯路、失败、再尝试,最终取得成功。

- 初学者会向他人求助。比起只依赖你自以为知道的知识,向他人求助可以让你在发展企业的过程中,接触到更多元化的想法。

- 初学者可以回应内心批评的声音。我们心里都有一个批评的声音。那个声音会告诉我们,哪里做得不够好。这就像一个恶霸住在你脑袋里,霸占着一个租金管制公寓,不肯搬走。初学者可以提醒这个恶霸:"你才刚开始,要边做边学。"从而把它赶走。

密歇根大学情绪与自我控制实验室(University of Michigan's Emotion and Self Control Lab)的伊桑·克罗斯(Ethan Kross)及其在加利福尼亚大学伯克利分校(University of California, Berkeley）的同事奥泽拉姆·阿杜克（Ozlem Ayduk）表示："内心发牢骚的时候，最好的干预可能是把自己当作别人，从疏离的角度去回应。"①

三、简单的练习：给内心批评的声音写一封信

召唤内心批评的声音，听一下它对你做了什么乱七八糟的评价。然后给它写一封简单的信，内容可能是以下这样的。

内心批评的声音：

你的话我听到了。你说的（插入你的名字，以及插入X、Y、Z等消极的自我对话），不可能实现（插入A、B、C等目标和梦想）。

（插入你的名字）真的很想迈出这一步，创办这家新公司，希望你姑且相信他/她一下。要知道，他/她才刚开始呢。他/她想要这样做，也相信自己会找到方法。

---

① Jena E Pincott, "Silencing Your Inner Critic," Psychology Today (blog), March 4, 2019, https://www.psychologytoday.com/us/articles/201903/silencing-your-inner-critic.

就算你不肯相信他/她,就算你还是对X、Y、Z或者A、B、C有什么看法,又或者对此(插入你的名字)有什么看法,也拜托你闭嘴。

闭嘴吧。12个月后,我会再和你联系,把最新情况告诉给你。

谢谢你。

好了,接下来的一年里,你可以清静一下了。

快收尾了,我们来做一个"如果……那么……"的练习吧(见表1.1)。

表1.1 "如果……那么……"练习

如果你……	那么请试试看……
觉得自己需要先积累更多经验,才能开始	明白这一点:最相关的经验就是开始、然后继续
觉得失败了会很丢人	改变说法,失败是学习的机会,你可以重整旗鼓,继续前进
希望凭着过去的专业知识和成就得到别人的尊重	认识到过去的经验和成就是原材料,可以投入初创企业
听到内心的声音说自己不够好	回应这个声音,告诉它:"我才刚开始。一年后再来找我,我会向你证明自己足够好了。"

最后,请看莱内·马利亚·里尔克(Rainier Maria Rilke)的这封信。

> 对于你心中未解的疑问,统统要耐心以待,
> 努力去爱上问题本身……
> 犹如爱上以陌生语言写成的书。
> 不要强求还不可得的答案,
> 因为现在的你还得不出这些答案。
> 重要的是,一切都要在生活中体会。
> 现在就带着这些问题去生活……
>
> 下定决心,永远要先开始——
> 去做一个初学者。

不要等什么内在或外在条件满足了才开始。现在就开始吧。你要相信,你的初创企业本身会给你指路。

四、引导式冥想:第一次

深吸一口气,把体外忙于各种活动的所有能量带回体

第一章 初学者心态

内。再深吸一口气,等你找到自己的中心,完全专注于当下,就可以看以下内容。

回想一下你第一次学骑自行车的情景。当时你大概只有六七岁。父母或爱护你的长辈送了你一辆自行车。你兴奋地想要享受骑车的乐趣,感受吹拂在脸上的风。你幻想只要学会了骑车,就可以去哪些地方。你是初学者,你才刚接触这项任务,兴致勃勃。你怀着谦逊态度,不会标榜自己。你知道自己需要别人帮忙,才能把车子骑起来。你身后大概有大人或哥哥、姐姐扶着后座。等你发现自己确实可以在两轮的车子上保持平衡,歪歪斜斜地把车子骑起来时,后面的人就会迈着轻快的脚步,跟着你的车子慢跑。

感受初学者的能量(每看一项,就想象场景,停顿一下)。

- 兴致勃勃。
- 接纳这个事实:要取得成功,暂时的失败是必经之路。
- 有人扶着后座,以免我们摔倒,我们对此心怀感恩。

- 就算摔倒了，也要保持耐心，一次又一次地爬起来。
- 初学者心态带来的回报。

再深呼吸几次，内化初学者心态，想一下在你的生活中有哪方面可以从中受惠（或许是你的初创企业、工作、人际关系、体育运动、兴趣爱好或正念练习）。如果你不做初学者，会不会付出更高的代价？如果你怀着初学者心态从事自己的事业，有哪些方面可以取得进步？

最后，深吸一口气。

五、本章要点

- 身为初学者不是缺点，而是你特别的优势。
- 初学者明白，要取得持久的成功，暂时的失败是必经之路。
- 初学者不需要满足期望，所以是自由的。经验老到者怕辜负自己和他人的期望，所以承受着很大压力。但初学者——我们是自由的！我们可以自由地创造、走弯路、失败、再尝试，最终取得成功。

第一章　初学者心态

- 回应内心批评的声音，提醒它说，你还在学习，像对付恶霸一样让它闭嘴。
- 就算你从业经验丰富，也可以用新手的眼光去审视自己所做的事，换一个角度看问题。
- 不要拖延。不要等多学一项技能、多知道一件事情才去做。现在就开始吧。

第二章
"单一深度专注"状态

为了享受健康,为给家人带来真正的幸福,为所有人带来和平,首先必须训练和控制自己的心灵。

——佛教传道协会(Bukkyō Dendō Kyōkai)

一、创业小故事

踏上创业之路的两周后,我在领英(LinkedIn)上发帖,宣布自己成立了Seeker Health,帮助生物技术公司招募患者,参与罕见病的临床试验。"没有患者,就什么也做不了。我们会努力找到患者。"我说道。

约翰(John)是我的旧同事,他看到我发的帖,主动和我联系。他表示,自己刚加入了一家生物技术公司。这家公司在研发新疗法,治疗具有非常罕见的基因突变的实体肿瘤患者。公司建了一个教育网站,介绍临床试验相关情况,网站需要更定向的流量。这家新兴的生物技术公司已经上市,而这个临床试验是当时的主要优先项目。他想要尝试新方法,如投放社交媒体广告。

电话还没挂,我已经乐得蹦了起来。我告诉他,我会准备一份提案,并飞到圣迭戈,和他面对面沟通。我进入了"单一深度专注"状态,一口气写了一份提案,说明了项目工作计划,包括模拟广告、我们用于衡量成功的一系列追踪指标、时间表和预算。

到了圣迭戈,我在董事会会议室里,向多位高管做了简报。我是在场唯一的女性。我想,这样的场景应该与向风险投资人做简报差不多,只不过我眼前的高管愿意为服务付费,而不会要求我用股权换取资金。

在场的高管提了许多重要问题,都很有意思:怎样申请监管部门批准?怎样把广告与现有的公司网站相结合?要多久才能看到成果?多久才能得到患者填妥的《注册登记表》?我对他们现有的《注册登记表》有什么建议?这些问题能让我了解到客户主要有哪些顾虑,帮助我完善客户档案,我很乐意一一回答。下一次做简报,不用等客户提问,我就会直接给出问题的答案。

几天后,我与第一家客户签约,对方竟想与我签订9个月的合同!我有收入了,有了9个月的时间可以深入了解怎样帮他们解决更多问题,以此推动 Seeker Health 业务增长。

我开始制作广告。事关临床试验,所有面向患者的材

第二章 "单一深度专注"状态

料都必须获得机构审查委员会批准。我把要提交的材料交给了客户，预计几周后才会有回复。

在这之后，母亲从纽约飞过来看望我。我们俩一起前往伊莎兰学院（Esalen Institute），参加周末举办的工作坊活动。伊莎兰学院是我喜爱的静修中心之一，这一趟旅程也有特殊的意义。在不久前的7月，父亲过世了，这次参加工作坊活动，是为了抚平母亲的丧偶之痛。几年前，我在伤痛中来到伊莎兰学院，在雄踞于太平洋之上、大苏尔（Big Sur）海岸边的壮美悬崖上，我的心不知不觉地恢复了平静，心思清明。生命中有些时候，我们仿佛无路可走，就像到了陡峭的悬崖边上，再走过去就会一落千丈。可是在悬崖底部，却是一片宁静的海洋，海浪会卷走那些于当下无益的东西。母亲正饱受丧夫之痛，我希望她可以在这里恢复平静。

在伊莎兰学院，只有非用餐时间可以使用 Wi-Fi 网络。我在等新客户（也是唯一的客户）回复，便用手机流量上网，查看电邮。查看之后，我就有点儿后悔了。不是好消息。

不是好消息——机构审查委员会驳回了我提交的申请。

"回复约翰吧。"母亲说，"我自己去参加工作坊，之后再见面。"

我回复了电邮,请对方提供更多信息,也制订了计划。约翰很快回复说,机构审查委员会驳回申请的理由是,我们没有说明要怎样控制社交媒体广告,监控或阻止用户生成内容。

有了这个方向,我进入了"单一深度专注"状态。那是我有生以来工作效率最高的一段时间。房间消失了,人消失了,海洋消失了。世上只剩下我和我的笔记本电脑。

我打开 Word 文档,把文档命名为"社交媒体控制程序"。我利用有限的互联网链接,研究社交平台页面和广告相关的设置选项,去除或尽量减少用户生成内容。我打字,编辑,更飞快地打字,又编辑。

母亲参加完傍晚的工作坊活动回来,对我说:"桑德拉,如果你要忙工作,没关系的。工作就是这么回事,我理解。"确实,她一辈子做的就是财务顾问,工作家庭两不误,是我绝佳的榜样。

"妈,"我说,"我觉得我想出办法了,也把潜在方案发给了客户。"

约翰下一封电邮说:"我想这就可以了。感谢你这么快就把方案做了出来。"但在我收到这封电邮之前,母亲就对我说:"我一直都知道,你会想出办法的。"接下来的两天里,我沉浸于伊莎兰学院的氛围之中:正念、觉察、觉知、感恩,不查看电邮。

机构审查委员会批准了这个广告。我在"单一深度专注"状态中一口气写出来的"社交媒体控制程序",至今仍应用于我提交的所有资料中。这家客户与 Seeker Health 合作了两年多,而太平洋的海浪卷走了母亲的一些丧偶之痛。

二、给创业者的忠告:培养"单一深度专注"状态

人离不开空气,就好比你要创造的东西离不开你的关注。要创造有价值的成果,例如创业、写书,做你想做的其他创造性工作都要全神贯注。我称之为"单一深度专注"状态。

所谓"单一深度专注"状态,是指专注于对你的事业而言至关重要的一项任务,心无旁骛。在这段时间里,你的大脑、身体和灵魂全部投入这一项任务。

作家卡尔·纽波特(Cal Newport)把这种状态称为"深度工作"。也有一些专家把这种专心致志的状态称为通

往"心流"①之路。"心流"是一种理想的状态。在这种状态下,我们通常会极度享受,充满创意,全情投入手头的任务和生活本身。

举一个比较极端的例子来形容这种心理状态:在"单一深度专注"状态下,就算你周边的视野中出现了你这辈子最仰慕的人/最想要的事物,比如你小时候崇拜的偶像、装有1亿美元的袋子,你也会视而不见。你在打造企业的"重要器官"时,就是要进入这种极度专注的状态。

在创办和发展新公司的过程中,这样专心致志地从事重要任务,有以下这些好处。

- 让你能够分清楚对你的初创企业而言,哪些才是重要的优先事项。
- 弄清在你的生活中,哪些方面值得你进入"单一深度专注"状态。
- 建立盾牌和保护的屏障,避免分心。
- 与你的初创企业建立紧密的关系。在"单一深度专注"状态下,全身心投入初创企业。

---

① "心流"是指全神贯注地投入一件事,而达到浑然忘我的境界。——译者注

第二章 "单一深度专注"状态

在创业生活中，需要你进入"单一深度专注"状态去处理以下重要任务。

- 制作项目展示 PPT，向客户、合作伙伴或投资者解释和推介你的企业。
- 设计产品或服务。
- 软件编程。
- 界定服务或产品的主要功能。
- 评估用户测试数据。
- 评估重要招聘岗位收到的简历。
- 撰写用户手册。
- 撰写专利申请。
- 制作销售 PPT。
- 研究客户需求和异议。
- 研究潜在客户和人脉关系。
- 请客户提供反馈意见。
- 制作提案模板。
- 制作给潜在客户的提案。
- 填充收购交易的尽职调查数据室。
- 你为了推动初创企业发展，所要做的真正重要的事情。

"单一深度专注"状态的反面是分心。我们都有过分心的时候，只是有些时候，我们完全心不在焉，却也不肯承认。

下面这些分心的例子，或许会让你产生以下共鸣。

- 有员工一边做项目展示PPT，一边开电话会议，听人介绍怎样向新客户开具账单，每隔5分钟又查看一下电邮。这位员工会做出让人眼前一亮的项目展示PPT吗？不会的。
- 一对夫妇相约共度时光，分享自己的工作和生活，可是手机一响，又各自埋头看手机去了。这段时间过后，这对夫妇会感到心灵相通吗？不会的。
- 父母早回家了，却又在笔记本电脑上工作了2个小时。孩子肚子饿了也没吃的，得不到父母的关注。在这2个小时里，孩子会感受到父母的关爱吗？不会的。

分心就像一个讨厌的家伙，傲慢无礼，无所不知。人、噪声、电子设备，或许你对这些外部干扰项并不陌生，但除此之外还有饥饿或疲劳等内部干扰项。而最讨厌的，莫过于不感兴趣和自我怀疑。

有些分心是很正常的。在《专注力：心流的惊人力量》（*Hyperfocus*）一书中，克里斯·贝利（Chris Bailey）表示："大脑固有的新奇偏好让我们更容易分心。"本质上，我们天生会受到新奇事物的吸引，一次又一次地把注意力转向新鲜事物。

可是，你的初创企业需要你全心全意地投入。所以，让我们来剖析一下这些会让你分心的事情吧。面对分心这头"怪兽"，只要你能分析出它的来源，这头"怪兽"就会变小。

三、分心这头"怪兽"及其分泌的"毒液"

"毒液"来源1：心智造成的内部干扰。

解药：指出来，然后改变看法。跟着我说："这项工作非做不可。"

- 恐惧：你怕失败，又怕成功。要等事情做完了，你才会知道结果。
- 不感兴趣。你创业，不是为了每天做PPT。你讨厌PPT，讨厌制作PPT的软件，这项工作应该由其他人负责。好了,麻烦你看看周围。看到了吧?没有其他人来帮你做这件事,所以你必须自己做。

- 自我怀疑:你不知道自己能不能完成这项任务,不知道自己会不会什么也做不好。你原来在大公司里,成天开无数的会,但至少有稳定的收入,为何不继续打工呢?对了,因为你想创业,想创造出特别的、有价值的成果,并产生影响力。

- 完美主义:既然做不出完美的东西,又何必要开始呢?其实,你的竞争对手也不完美。有些竞争对手甚至答应了给客户发提案,结果也不发。领英创始人里德·霍夫曼(Reid Hoffman)说过:"如果第一版的产品不会让你感到尴尬,就证明你太晚推出产品了。"所以,把"不完美"的工作做了吧。

"毒液"来源2:外部干扰。
解药:统统关掉。

- 电邮:关掉。如有需要,可以设置离开办公室通知,自动答复向你发送邮件的人员,告知对方你下次查看电邮的时间,如下午3点。向对方提供备用联系人的联系方式。

- 发送消息的设备、社交平台和带有振动提醒功能的手表：全部关掉。
- 吵闹的环境：选择适合工作的安静环境，如图书馆或私人办公室。
- 问你要东西的人：不要理会。告诉他们说，你在做重要的事，接下来几个小时都会很忙。
- Wi-Fi 网络：关掉。在创造阶段，尽一切努力避免搜索网络。如果你的项目必须要进行外部研究，为避免在研究时分心，请在便签纸上写下要研究的内容，尽量贴在电脑屏幕正中央。这样一来，要是你分心了，就会看到提醒，把注意力拉回来。

"毒液"来源 3：身体方面的内部干扰。
解药：吃东西、喝水、上洗手间。

- 饥饿：进入"单一深度专注"状态之前，吃点简餐。
- 口渴：准备好饮料，但先工作一会儿再喝。
- 洗手间：进入"单一深度专注"状态之前，一定要先上洗手间。

四、怎样驯服分心这头"怪兽"

表2.1总结了解决分心的办法,你可以试试看。

表2.1 解决分心的办法

指出来,然后改变看法	关掉	防患于未然
·我害怕 ·我不感兴趣	·电邮 ·发送消息的平台	·饥饿 ·口渴
·我觉得自己做不到 ·不完美的事,我宁愿不做	·带有振动提醒功能的手表 ·吵闹的环境 ·问你要东西的人 ·Wi-Fi网络 ·网络浏览器	·洗手间

现在,你有办法驯服分心这头"怪兽"了,我们来培养"单一深度专注"的习惯吧。

五、"单一深度专注"的习惯

1. 制造一个"容器"

所谓"容器",应该是一个仪式或习惯,作用近似于茧，可以帮助你进入"单一深度专注"状态，并保持这个状态。这个"容器"是你自己负责制造的。在计划和设计时，别忘了上面的干扰项。尽量排除各种干扰：关掉手机铃声；关掉发送消息的应用程序、电邮和网络浏览器；先上洗手间，回来后关上门，再开始。

2. 设定意图

当你设定意图时，要在心里想清楚自己进入"单一深度专注"状态之后要做什么，为什么要这样做。《播播种，除除草》(*Plant Seed, Pull Weed*) 是一本正念题材的佳作，作者洁芮·拉金 (Geri Larkin) 在书中写道："想想看，我们的生活是由一个又一个的行动去改变的，这真是不可思议。"每一个这样的行动，都需要我们设定意图，然后专心去做。例如，你可能会对自己说："销售PPT是一个重要工具，可以帮助我们争取更多业务。所以，今天我要投入2个小时，在'单一深度专注'状态下制作PPT。"你可以拿一张纸，这样写下来：

- 销售PPT。
- 2个小时。

- 争取更多业务。

到这时,你已经控制好环境,可以专心去做要做的事,也知道为什么这件事值得你投入宝贵的时间。

在第三章,你会更深入地了解到如何决定要采取哪些行动,才能为企业带来最重大的影响。

3. 设定时限

你不可能无限期地保持注意力集中。你不是机器人,不可能长时间不眠不休、不吃不喝地工作,总得停下来休息一下,补充能量。"单一深度专注"是一种暂时的状态。你进入这种状态,是为了最大限度地提升创造力、质量和工作效率。

时间到了,"单一深度专注"状态也就告一段落了。在大多数时候,你会想站起来走走,四处看看,心思飘到其他地方。

或许有些时候,你兴致正浓,想要继续。我建议你认真问一下自己:"我现在继续做下去,可以获得高质量的成果吗?要是让身体和大脑休息一下,再继续,会不会更好?"

认真听取你的身体和内心给出的回答。要是你明明累了,还硬撑着工作,可能会适得其反,破坏你好不容易取得的进展。

4. 每天(每个工作日)练习

每天都选择一个领域,为此进入"单一深度专注"状态。在纸上写下来,与自己签订迷你合同,在一段时间里聚精会神地投入其中。可能每天选择的领域不一样,但你进入这种状态之后锻炼的"心智肌肉"是一样的。请注意,灵感不是创造的先决条件,时间才是。在创造的那一刻,你不需要灵感,只需要分配时间去做这件事。只要你去开始,就会产生魔法。你无法预测会出现什么,只能抽出时间去创造。每天练习,你的"心智肌肉"就会变得更加健美、更加强壮,它将给你带来更丰硕的成果。没过多久,你的事业就不再是刚刚起步,而是蓬勃发展了。

六、引导式冥想:"单一深度专注"状态

闭上眼睛,深吸一口气。把体外忙于各种活动的所有能量带回体内。

再深吸一口气,屏息4秒,缓缓呼出。呼气时,把余下的干扰项全部释放。现在的你只是活在当下。

在这种放松的状态下,请在心里翻找一下,看有哪个领域需要你的关注。或许是你研发的软件的新功能,或许是你写的书的新场景,或许是你想要吸引的新一类客户,或许是你在心里构思却还没转化为实体的艺术作品。

思考这些问题:

- 如果你进入"单一深度专注"状态去处理这个领域的问题,会发生什么变化?
- 如果你今天或明天投入一两个小时,在"单一深度专注"状态下,投入这个领域进行创造,会发生什么事?
- 你今天能不能抽出一段时间进入"单一深度专注"状态,看一下会有什么结果?我真的很希望你可以这样做,也支持你这样做。

保持专注,再深吸一口气,锁定你进入"单一深度专注"状态的意图,供你未来几天、几周去实践。睁开眼睛,去做吧。

七、本章要点

- 你离不开空气,你要创造的东西也离不开你的关注。
- 设定一个意图:为"深度工作"时间设定一个"主题",以免受到紧急却不重要的任务干扰。
- 制造一个"容器":你在哪个空间里最能集中注意力,工作效率最高,就把这个空间转化为安静的"茧"。你可以时常进入其中,免受干扰。
- 设定时限:你不注意休息,身体和大脑就会强迫你休息,让你心不在焉,昏昏沉沉。请设定时限,在工作与生活之间保持健康的平衡。
- 每天练习:要培养专注力,需要练习。熟能生巧。

第二部分

发展

第三章
迈步向前

当你开始上路时,路就会出现。

——鲁米(Rumi)

一、创业小故事

我双脚疼痛,满头大汗,iPod 里的歌全听完了。我家人在曼哈顿,马拉松第 21 英里[①]处,举着乌拉圭旗帜等待。可是我到了布朗克斯区(Bronx)——马拉松第 20 英里处,就已经不行了。我之所以决定跑 2004 年纽约马拉松赛,是因为小时候不爱运动,长大了想靠着跑完马拉松证明自己没那么"菜"。我的目标只是到达终点——不管花多长时间。现在,20 英里过后,还有没完没了的 6 英里,我准备放弃了。我拖着脚往前走,走着走着,突然灵光闪现,冒出了两个想法。

首先,我都跑了这么远了,不能现在放弃。现在放弃

---

① 1 英里 ≈ 1.61 公里。——译者注

的唯一理由是心脏病发作。其次,我意识到自己唯一要做的是不断前进,仅此而已。一只脚往前迈,另一只脚再往前迈。走一步,再走一步。我想说自己迈步向前,到达了终点,但其实我是拖着脚走的。等我走完了 26.2 英里的路程,太阳都下山了,终点线外的帐篷空荡荡的,只有几十个像我这样拖着脚走完全程的人。但我很高兴,整个人焕然一新。我突破了屏障,走完了全程……一步一步地,迈步向前。

创业很像跑马拉松。外人眼中"一夜之间"的成功,其实是多年持续努力的结果。关键是无论如何都要千方百计地不断前进,哪怕是龟速向前挪动也无妨。对于 Seeker Health 来说,"迈步向前"体现在客户不断增长的需求上。

2016 年,我们有 5 家客户。我了解到,客户不仅需要社交媒体广告,还需要试验网站、数据收集表格,最重要的是,要有一个安全的系统来管理这么多转介患者的信息。第 5 家客户的负责人在诺拉公司工作过,特地要求我们扩大功能,并表示愿意给我们一个机会,看我们能不能做好这些工作。

要迈步向前。于是,我先是尽量利用现成的工具来满足客户需求。到了最后一项需求,要建立潜在患者管理系统。这个系统需要从零做起，需要程序员、资金、时间、质量测试、用户手册、用户培训和托管，等等。深吸一口气，想想初学者心态。

有熟悉这项业务的朋友告诫我："做服务型公司，不要自己研发产品。否则，通常都没有什么好结果。"我斩钉截铁地回答："我必须要做。"

我必须研发软件，具体来说，用以：

- 提供端到端的客户体验，避免使用多家供应商。
- 尽量把流程自动化，通过这台"机器"的运作完成大部分工作，扩大业务规模。
- 与现有和未来的竞争对手形成差异。
- 推动业务向前发展。按道理，要推动业务增长、扩大影响力，研发软件是下一步工作。企业发展不进则退。

可是，这里有一个问题——其实是两个：第一，我不是程序员；第二，我从未研发过软件。我找了行业顾问，帮我把研发软件需要做些什么写下来，也就是所谓的"功能集"；接下来，要绘制实现这些功能的用户界面要求，也就是"线框图";还要写出需求建议书(RFP)。

发出需求建议书之后,我收到3份回复。我选择了当地(而非海外)一家软件开发商,设定了项目时间表。研发费用大约是第1版15万美元,另加每月3 000美元的维护费用(在第四章,我会解释为什么没有募集外部资金,而是自行支付软件研发费用)。

我自己来做项目经理,盯紧了软件开发承包商的工作。确实,我不知道怎样编程,但知道怎样管理项目,确保项目进度符合预期,按时完成。接下来要开发哪项功能?完成了哪些用户类型?在测试运行之前,还要完成哪些工作?

2017年初,我们推出了"追寻者门户应用"(Seeker Portal)1.0版,这是一个安全的潜在患者管理系统。9个月后,我们推出了2.0版,对用户界面做了重大更新。Seeker Portal让我们可以为客户做更多,提升了合同的价值;也为企业赋能,让公司能够借助自动化平台扩大业务规模,服务无数客户。

创业就像跑马拉松,有些阶段又需要全速奔跑,中间要克服许许多多的障碍,无论如何,始终都要迈步向前。于是,我继续做下去。

二、给创业者的忠告：今天可以迈出的最明智的下一步

只要迈步向前，你的创业之路就会从中受益。这就像你每天砍柴一样。"初创企业"，顾名思义就是要持续增长，迈向成熟。身为初创企业领导人，你的任务是推动企业增长——每天"砍柴"。

为此，每天早上，都问一下自己以下这个基本的问题。

每日一问：我今天可以迈出的最明智的下一步是什么？

你的初创企业，你自己最了解。很多时候，要处理的事务繁多，令人应接不暇。你需要的不是一长串讨厌的待办事项清单，而是你现在可以迈出的最明智的下一步。

如果你一时半刻回答不出来，也不要紧。请看以下提示，帮助你思考：

- 我的初创企业怎样才能提升客户满意度？
- 我的初创企业怎样才能提升潜在客户的成交率？
- 我的初创企业怎样才能吸引新的潜在客户？

- 需要哪些新功能/服务，才能推动业务持续增长？
- 我的初创企业怎样才能吸引人才？
- 我怎样才能控制或降低成本？
- 我怎样才能增强目标客户对品牌的认知度？

由于人会走神，你最好把今天、本周、本月、本季度、本年度想要实现的目标都写下来。至少要把每天想要实现的目标写入笔记本，又或者直接输入在线日历，以便专注于"最明智的下一步"。如果你想用高级一点的工具，不妨试一下"子弹笔记术"。这是一个多功能的个人管理工具，可以用来记笔记，写下自己的想法，安排当下和未来的工作。

我把"子弹笔记术"改编如下：

- 拿一本空白的笔记本，给每页标上页码。
- 建索引。
- 列出本年度目标。
- 建一个网格，包含12个月，列出每个月的目标和大事。
- 为每个月建立"月度追踪"，但一次只建两三个月的，为每个月留出足够的空间，用来做笔记。
- 在笔记本翻开的左页，列出是哪一天，记录重要事件、截止日期和出行情况。
- 在笔记本翻开的右页，把页面横向划分为3块，分别标记"工作""家庭""个人"。在每个长方形里，写下这个类别的本月目标。
- 把笔记本摊开，这一页朝上，又或者在这里夹上书签，以方便快速地查找自己的目标。

至于怎样推动你的初创企业向前发展，我想提醒你，你掌握着自主权，也最能给出这个问题的答案。你可以咨询导师、专家和老师，但记住，创办这家公司的不是他们，而是你自己。

无论如何，请记住，要迈步向前。每天"砍柴"，不断前进。

三、引导式冥想：找到你最明智的下一步

在冥想之前，可以先拿一张纸，准备记下自己在冥想过程中获取的洞见。

闭上眼睛，深吸一口气。把体外忙于各种活动的所有能量带回体内。再深吸一口气，屏息 4 秒，缓缓呼出。呼气时，把余下的干扰项全部释放。现在的你只是活在当下。

保持正念的专注状态，与自己的初创企业拉开距离。身为创始人，你要时时把自己的初创企业放在心上。在这个练习中，请与自己的初创企业拉开距离。想象一下，在房间另一头有一张桌子。桌子很大，很结实，在冥想期间，可以把初创企业放上去，全部放上去，完全没有问题。

现在，初创企业在这张桌子上，不在你心上了。你与它拉开距离了。

现在，深吸一口气，身体不要动，只用你的心智，围着这张桌子走走，隔着一定距离，观察你的初创企业。

你迄今为止打造出什么成果？在解决什么问题？目前对市场、对人类、对你自己产生了什么影响？看一下你打造出来的东西。

不管是什么，在你创造出来之前，它都不存在。为这一点赞叹一下吧。

再深吸一口气，尽可能放松，与你的初创企业拉开最大距离。现在，问一下自己以下关键问题：

1. 我可以迈出的最明智的下一步是什么?

   - 感受意象、文字和声音。
   - 写下来。
   - 再问这个问题。

2. 我可以迈出的最明智的下一步是什么?

   - 感受直觉和感觉。
   - 写下来。

再深吸一口气,在你的意识中锁定这下一步,以及你在未来几天、几周要怎样迈步向前。

睁开眼睛,去做吧。

四、本章要点

- 要取得进展,就要迈步向前。无论如何,都要保持发展势头。
- 发展势头一定要向前,但不一定要快。有时候,你需要全速奔跑;有些时候,龟速向前挪动也无妨。

- 每天问一下自己：我今天可以迈出的最明智的下一步是什么？
- 聆听客户的心声，了解客户的需求，以此为指引。他们的看法是最客观的，能帮助你的企业取得成功。
- 向他人寻求建议，吸收他人的意见，但始终要相信自己。即使自己的想法不符合主流意见，也要自己去做出最终决定。
- 由于我们的初创企业是自己创造出来的，有时候难免感情用事。运用正念和冥想，远距离观察自己的项目，可以帮助你找到客观上最明智的下一步。

第四章
钱再多,也买不到……

钱再多,也买不到长远而言取得成功所需的热情、聪明才智和决心。

——戴蒙德·约翰(Daymond John)

一、创业小故事

做软件研发，或许可以考虑向投资者募集资金。那么，我为什么偏偏要走科技领域的初创企业看似很少走的一条路呢？至少有 10 个理由，甚至还有更多。

1. 我不需要投资者的钱

我创办 Seeker Health 之初，提供数字媒体广告，有 5 家付费客户。公司不仅营收良好，而且还是盈利的。因此，我有足够的资金为软件研发买单。

2. 我不想听到"不行"

Seeker Health 的业务持续增长，我发现了市场机会，迈步向前。我是首次创业，要是向风险投资人做项目展示，大概要听到 50 次"不行"，才会听到 1 次"可以"。有这个时间，还不如向潜在客户做项目展示。事实证明，在后一种做法中，我听到"可以"的概率接近 70%。

3. 我看到持续的客户需求

越来越多陌生的客户主动和我联系，想了解 Seeker Health。行业基本面也为客户需求提供支持：80% 的新兴生物技术公司在研发罕见病或肿瘤疗法，而这正是我们专门从事的业务领域。只要其中有一部分公司委托 Seeker Health 招募临床试验患者，我们就不愁没有业务了。

4. 我不想出让股权

Seeker Health 是我第 3 个"孩子"，我要把这个"孩子"抚养成人。难道要把"孩子"20% 的身体（相当于一条胳膊和一条腿，又或者全部内脏）拱手让人？这也太荒唐了。此外，有前同事在经营一家规模大得多的企业，他告诉我说："你可以把公司规模发展到估值 1 亿美元，公司股权结构表和控制结构错综复杂，你手上只余下 10% 的股权。你也可以把公司规模发展到估值 1 000 万美元，持有 100% 的股权，生活还简单得多。"这话引起了我的共鸣，尤其是这是我创办的第一家公司,我想尽可能持有100%的股权。

5. 我不希望公司关注的焦点变成投资者回报

要是接受投资者提供的资金,投资者回报就会变成公司的首要目标。风投公司要为有限合伙人(LP)服务。有限合伙人把大笔资金委托给风投公司,是为了获取极高的回报。我在医疗保健行业工作了15年,是为了打造造福民众生活的产品。我希望公司能够不忘初心,始终坚持这个宗旨。

6. 我不想承受要为投资者带来极高回报的压力,而且实现这个目标的机会也极其渺茫

风险投资人希望找到1%的初创企业,让其发展成为独角兽企业,为风投基金带来极高的回报。我喜欢制定雄心勃勃的目标,这个目标是发展一家能够加快招募患者的公司,实现公司盈利,支付员工薪水,为创始人带来回报,实现可持续发展。

7. 我不想看一堆可能与我的公司无关的建议

我明白,许多风投公司可以为创始人提供宝贵的人脉和发展业务的建议,可是对我的初创企业来说,最好的建议来

自我们直接服务的客户和患者,而他们不会问我要股权。

8. 那种以拿别人的钱为荣的文化,我无法理解

其实,一家公司融资,不过是创始人出让一大部分股权,以此交换他人的资金,努力实现为投资者带来极高回报这个机会渺茫的目标罢了。在初创企业文化中,这样拿到别人的钱,会引来欢呼雀跃。你知道什么是更值得欢呼的事吗?脚踏实地地发展企业,在财务上自给自足,实现盈利,更值得欢呼。

9. 我相信,财务责任是成功的根基

初创企业钱太多了,就很容易被钱"淹死"。他们会买一堆不需要的设备(如乒乓球桌),高薪聘用太多员工,为员工提供吃不完的免费餐。美国大企业里也有这种现象。有钱的公司容易大手大脚,浪费资源。可是,我的原生家庭情况恰恰相反:我们会拿着40美元上超市,尽可能利用优惠券和打折促销活动,买到价值100美元的食物。一个人花自己的钱(而不是借来的钱),而且钱不多时,更懂得精打细算。

10. 融资活动会让创始人筋疲力尽，投入发展业务的精力减少

如果创始人的当务之急是融资，产品和客户就会退居二线。我在自己的人脉圈里，见过很多创始人在一轮融资过后，筋疲力尽，需要歇一歇，等缓过劲儿来，才顾得上真正重要的方面：产品和客户。

原来，在融资方面，和我处境类似的创始人并不少。有资料显示：[1]

- 只有 0.05% 的初创企业募集了风险投资。
- 在募集了种子轮的初创企业中，只有 1% 成了独角兽企业，也就是估值达到 10 亿美元以上的企业。

请不要误会：如果我的初创企业确实需要募集风险投资，我肯定会与"独角兽猎人"会晤，去做融资的。我也认识到，或许这些交流互动会有一定的好处。然而，我还

---

[1] Meredith Wood, "Raising Capital for Startups: 8 Statistics That Will Surprise You," fundera (website), February 3, 2020, https://www.fundera.com/resources/startup-funding-statistics.

是选择专心为初创企业带来市场牵引力。这一次，市场牵引力够大，足以支持我为企业所做的投资。

二、给创业者的忠告：付费客户的力量

付费客户应该是你关注的重点，理由不只是获取资金这么简单。早期付费客户或许能支持产品和服务的持续研发。更重要的是，从早期付费客户身上，你可以了解到怎样为他们提供最大的价值。你先是把 A 卖给他们，在这个过程中，认识到他们还需要 B 和 C，于是往另一个方向发展。

表 4.1 列出了早期付费客户的神奇力量。

表 4.1　早期付费客户的神奇力量

神奇力量	早期付费客户太棒了，因为……
加快产品研发	他们愿意购买最简单可行的产品（MVP）[①]。你可以借此机会，了解他们还有什么需求，加快产品研发
明智地开发市场	他们就自己的问题和需求提供数据，让你可以继续调整产品/市场契合点，找到最有可能采用你完整解决方案的细分市场。随着公司往某个方向发展，或许某些早期付费客户不会留下来，那也没关系

---

① 以最低成本尽可能展现核心概念的产品，基本上可以认为MVP是产品的第一个版本。——译者注

续表

神奇力量	早期付费客户太棒了,因为……
无股权要求	他们不会问你要股权,只想解决自己的问题,也愿意为此付费
转介更多客户	他们可能会转介和自己一样或比自己更好的客户

或许你会想,反正你都打算融资了,就不需要早期付费客户了吧?其实,你若想以股权换取风险投资,有了付费客户就会更好,向潜在投资者做项目展示的时候,将会更有底气。事实上,就连愿意为最早期公司掏钱的创业孵化器和天使投资人,也希望被投公司是具有市场牵引力的。举个实例,以下是某个创业孵化器提出的要求:

- 对于初创企业或交易平台而言:每月毛利润5 000美元至10万美元,按月增长至少20%。
- 对于消费品而言:日活跃用户数量5 000,按周增长至少5%。

这是不可回避的:创意再好,创意本身也不是企业。只有一个组织提供了产品或服务,也有客户群愿意使用并/或为此付费,才算是企业。要获取这些早期用户或付费客户，需要你发挥热情、聪明才智和下定决心。无论有没有风险投资，这都是推动初创企业业务增长的强大引擎。

三、引导式冥想：热情、聪明才智和决心

深吸一口气，闭上眼睛。

接下来，请把以股权融资的所有渠道从心里排除掉。你要构建这样的心态：这世上没有了天使投资人、种子轮、A轮融资和B轮融资。不用担心，冥想结束后，这些融资渠道还在那里。

现在，在这个没有风险投资人的世界里走动一下，在心里找个地方，坐一会儿，思考以下问题：

- 既然在这个心世界里没有风险投资人，没有人会拿一笔钱来换取你公司的股权，那么，你需要另外想个办法，推动业务发展。
- 你有哪些选项？你怎样才能尽快提供客户愿意为之付费的产品或服务？你生活中还有其他资金来源吗？
- 你有没有哪项资产可以出售？

- 可以贷款吗？
- 你有没有办法把热情变现，为企业提供所需的资金？

再花几秒钟，采收这次冥想的果实。

睁开眼睛，请尽情地探索其他资金来源吧。

四、本章要点

- 认真反思一下，自己是不是真的需要风险投资。要知道，许多初创企业并不需要、也不适合这类融资。
- 别急着把一大部分股权拱手让人，先考虑一下其他资金来源。
- 发挥热情、聪明才智和下定决心，为企业寻找首批付费客户。
- 与这些早期付费客户合作，确保你提供的产品或服务能完全解决他们的问题，也就是说，要找准产品/市场契合点。

第五章
为付费客户带来全方位转变

你爱你的创意吗?直觉告诉你,这个创意很棒吗?你愿意为它流血吗?

——斯蒂芬·普莱斯菲尔德(Steven Pressfield)

一、创业小故事

针扎入了我的静脉,我全身绷紧。医生告诉我:"快好了。"是骗人的。血,我的血开始流入第一支试管,之后还有两支。试管的标签上写着我的名字,还有我参与的临床试验——以血联结。我真的在为我的初创企业流血,也很乐意这样去做。

创办 Seeker Health 之前,我做过多项罕见病疗法研发的临床试验相关工作,那些患者在急切地等待相关疗法面世。我从事的工作包括:评估可行性;制定参与者招募策略;制定时间表,加快申请监管部门批准;等等。自从创办 Seeker Health 以来,我做了许多项临床试验相关工作,包括:评估入选和排除标准;建立平台,招募目标患者人群；等等。但我自己从未做过临床试验患者。

为了参与临床试验，我开始做"身体扫描"冥想练习，看有没有哪里不舒服。我出生时身体健康，至今没什么大病，但皮肤确实有些轻度至中度的毛病，偶尔会感到不适。于是，我以科学的名义，也是为了更接近客户，顺便治一治身上的小毛病，开始留意周边有没有临床试验点。某个星期天早上，我坐下来吃早餐，在纸质版的《帕洛阿尔托周报》(*Palo Alto Weekly*)上看到一则广告，得知附近有一所大学附属医院在做我这种皮肤病的临床试验。我把广告剪下来，等到第二天，也就是星期一，拨通了上面的电话。临床协调员接听了电话，问了我一堆研究报名标准相关的问题。问题一个接一个，问得她也烦，我也烦。接下来，她问我要了联系方式。我的姓氏不多见，我足足拼了三遍她才记下来，我还得报出长长的电邮地址。

这段"低科技"的交流令人啼笑皆非，对 Seeker Health 的需求也就不言而喻了。我不是看到由 Seeker Health 提供技术支持的在线广告，而是从当地的免费报纸上剪下广告，要等到星期一才能报名。我不是填写由 Seeker Health 提供技术支持的在线预筛选表格，而是要打电话；临床协调员接听电话，问了我一堆问题，叫我把姓氏拼了三遍。打电

第五章 为付费客户带来全方位转变

话的时间我都能填妥 10 份在线预筛选表格了。我不能马上收到临床协调员的联系方式，还得问她要电话号码，最后也没拿到她的电邮地址。

我报名参与了这个临床试验，怀着开放和愿意学习的态度，更深入了解 Seeker Health 怎样才能为患者、为诊所、为药物研发商提供最好的服务。我去做给药前抽血，协调员陪我到实验室，帮我插了队。

"你确定吗？"我问。我很注重公平，插队好像对排队的人不公平。

"确定。你参与了临床试验，把自己的身体和数据奉献出来了。"

她的话也有道理。不过，这个特殊待遇，我也没享受多久。其余时间，我每去一次，平均要排队半小时，每次要抽三管血。

就这样，我每个月去抽三管血。这段经历确认了 Seeker Health 团队想要解决的问题，非常值得。我参与临床试验的过程中，又萌生了几个想法，可以减轻患者、网站和生物制药公司的负担。

研究药物或安慰剂的副作用不大，我连第 11 根手指都没长出来，却更深入了解到临床试验利益相关者的运作方式、承受的负担和需求。要不是参与了临床试验,我光靠在这个领域从事专业工作,是不会了解到这些方面的。

此外,我为初创企业流血后,了解到患者、客户和员工的最终需求,也就是实现转变。患者需要药物带来转变,减轻病情,舒缓痛楚。生物制药公司想要转变,完成临床试验患者招募,最终推出一款(或者又一款)获批疗法。员工想要实现职业生涯的转变,不再只是打一份工,而是做一份有意义的事业,完成一项使命,做自己热爱的事情。转变是所有利益相关者追求的目标,而我的初创企业是实现这个目标的工具。

二、给创业者的忠告:人有很多需求,为他人服务,实现具有影响力的转变

只要你把自己的工作与满足人深层次的需求相联结,你的初创企业就会创造出最大的价值。幸好,人有很多需求。

第五章　为付费客户带来全方位转变

人有很多需求 ①

"心之画布"（Heart-Canvas）用花的图案来打比方，代表生命和人的很多需求。你有很多需求，我也有很多需求，每个人都有很多需求（动物和植物也是如此）。花盆代表着所有生存需求，如空气、水、居所、食物和活动。8片花瓣代表着需求的八大类别：社区、可持续发展、自主权、诚实、身心健康、意义、和平、同理心。在这些需求上方是最高需求：超越。这项工具分类描绘出人的普遍需求，深得我心。幸好，大多数需求都可以转化为潜在商机，你可以在这些方面为他人服务。

以"社区"这片花瓣为例。过去10年里，许多成功企业都致力满足这方面的需求。

- Meta——满足你与家人、朋友和高一男友／女友建

---

① Heart-Canvas 的独家版权归"关怀联结"（Compassionate Connecting）网站所有，经授权在此使用。由詹姆斯·普列托（James Prieto）提出，载于 www.Heart-Canvas.com。"需求之花"灵感源自吉姆·曼斯克（Jim Manske）和约里·曼斯克（Jori Manske）的"需求之轮"（Radical Compassion.com），为了匹配"花"这个大自然的比喻而修改，全面体现出个人、人际关系、身体和超越方面的需求。

立联系的需求。
- 沃茨阿普（WhatsApp）——满足你在全球范围内实现即时通信的需求。
- 企业通信平台"斯拉克"（Slack）——满足工作团队之间的协作需求。
- 众筹平台"凯克斯达特"（Kickstarter）——满足项目合作的需求。

在以下情况下，你的初创企业成功的概率会高得多。

第一，你了解客户的需求。为此，你要真正设身处地为客户着想。就算每月要抽三管血才能加深了解，也在所不惜。

- 你的客户目前面临着哪些问题？
- 他们有哪些痛点？
- 他们目前有怎样的体验？
- 他们想要怎样的解决方案？

第二，你尽可能深入、充分地满足客户的需求。为此，你要为客户提供端到端的解决方案，真正为他们带来裨益。

- 你的解决方案是怎样解决问题的？
- 你的解决方案会不会为客户制造出新问题？如果会的话，你也应该努力把新问题解决了。

第三，你有效地向有利可图的细分市场定向推广解决方案。大多数解决方案都需要定向推广。Meta 目前业务规模庞大，有 24 亿用户（地球上活着的人约有 77 亿）。可是，这家公司刚起步时，有非常定向的目标用户群体——大学生。大学生会怀着莫大的热情使用这款产品，所以，他们选择这个目标用户群体十分适宜（有关市场细分和市场定位的更多信息，请参阅第六章）。

只要你把自己的工作与满足人深层次的需求相联结，产品／市场契合点自然会水到渠成。

三、引导式冥想：与服务他人的能力相联结

找个舒适的地方，坐下来或躺下来。深吸一口气，放松身体，感受温暖、舒适的光。

现在，我们去往你的心里。非常缓慢地脱下鞋子，小

心翼翼地迈出一步，踏进你的心里。

你进去了吗？你看到自己的心有多大了吗？再走几步，走进你的心里。你看到了什么？你的心里浮现出什么意象？再走动一下。

这颗大大的心扑通、扑通地跳动，余下的时间，有什么要做的？它想做些什么？它想怎样提供服务？

收集所有细节：颜色、声音、人、文字、物体。

- 你的心想怎样提供服务？
- 谁需要这项服务？
- 他们面临着哪些问题？

收集你召唤出来的意象，吸进去。

现在就去提供服务。深吸一口气，再缓缓呼出。

四、本章要点

- 设身处地为客户着想，了解客户面临着哪些问题。
- 不是为创业而创业，创业是为了解决问题。
- 人有很多需求，由此可以萌生出丰富的商业创意

第五章　为付费客户带来全方位转变

和商机。

- 不要随意地选择要满足的需求。这个需求一定是能打动你的;让你的心充满使命感的;你就像"天选之人",非做不可。
- 有了巨大的使命感,你就能持之以恒,坚持不懈地付出努力。

第六章
与竞争对手交流

永远不要拿自己的内心和别人的外表做比较。

——无名氏

一、创业小故事

我创办 Seeker Health 时,就知道有很多广告公司想要制作招募临床试验患者的广告,但我并没有担心这一点。我自己就是许多广告公司的客户,亲身体会到他们的工作进度通常有多么缓慢,每天都会为繁杂琐碎的细节(如网站上日落的颜色)纠结烦恼。临床试验需要效率、速度,专注于结果。因此,想要与营销机构形成差异,并非难事。我知道市面上有些临床试验患者招募公司,但这些公司往往嫌弃罕见病患者太难找了,索性不做罕见病业务。

我需要加深对竞争对手的了解。本杰明(Ben)是我的前同事,也是好朋友,他很支持 Seeker Health。他的工作正好是负责甄选供应商,每逢看到有其他公司投标类似的项目,他就会发一封简短的电邮,例如"这家新公司也是做患者招募的,给你看看",然后他把公司名告诉我。我会研究这家公司的情况,看 Seeker Health 与之相比是不是不一样的,是不是更好的。

几个月后,也就是 2016 年 2 月,我出席了临床运营高管峰会(Summit for Clinical Operations Executives),在闹哄哄的会场见了许多竞争对手。这个行业会议总是人头攒动,凡是业内人士,基本上是不容错过的。我正好可以趁着这个绝佳的机会,发现 Seeker Health 更多的竞争对手,了解怎样与这些竞争对手形成差异。展厅里,几家竞争对手在展位上布置了协调的背景和桌布;会议上,还有更多公司演示招募患者的方法。

母亲向来告诉我说:"你不问,就不知道答案。"我想借助以下例子,让你看到提问有多么重要。人喜欢谈论自己,你可以利用人的这个需求,获取很多信息。

我看到一个展位,像是 Seeker Health 的竞争对手的展位,于是我就主动走上前去。展位上几个男人穿着同款衬衫,也留着差不多的络腮胡子,应该比较容易套话。以下是我和络腮胡子先生的对话(括号里的楷体字是我的想法)。

我:请问贵公司是做什么的?

第六章　与竞争对手交流

络腮胡子先生：我们做临床试验患者招募。（哈，我们也是——不妙。）

我：怎样招募患者呢？

络腮胡子先生：我们投放数字广告，吸引患者。患者点击进入系统，就可以与网站建立联系。（不妙，太接近了。）

我：针对哪些疾病呢？

络腮胡子先生：比如痤疮、湿疹、哮喘这样的常见病。（太棒了——Seeker Health 能为复杂的罕见病疗法研发创造更大价值。）

他给我递了张名片。我也把名片给了他。

我：谢谢。你们做罕见病或肿瘤业务吗？

络腮胡子先生：不做。那些患者太难找了。（太好了，Seeker Health 能找到。）

我：你们怎样收费呢？

络腮胡子先生：网站购买我们的套餐，我们帮网站推广研究。（这个选择不好吧？网站的预算比申办者低。）

他给我递了一本手册，上面描述了这些套餐。

我：这么说，你们的客户都是网站吗？

络腮胡子先生：是的。（太好了。我们的客户是生物制药公司，比网站高一级。客户与我们签署委托合同，一份合同涉及多个网站。）

请注意，这段对话是一问一答的单向交流。他负责看守展位，介绍自己的公司，并完成了任务。

我从各个渠道了解竞争对手，包括出席这个行业会议，研究本杰明每周新发现并发给我的患者招募公司，与客户和竞争对手做更多交流互动。在这过程中，我发现，即便市场拥挤，Seeker Health 还是可以形成差异化的。

首先，我注意到，一家公司专门招募的患者类型会有差别，例如：

- 发病率——常见病、专科、罕见病或超罕见病。
- 疾病类型——慢性病或偶发性疾病。
- 疾病严重程度——轻度、中度或重度。

其次，我看到，想要招募患者的潜在客户分为几类，

第六章 与竞争对手交流

包括：

- 新兴生物制药公司，这些通常是初创企业，处于临床开发的第 2 或第 3 阶段，渴望创新，需求非常迫切。
- 已经上市的中型生物制药公司，处于临床开发的第 3 阶段，并/或有获批产品，还有更多工艺已经到位。这些公司还是可能会快速行动（有时会，有时不会）。
- 大型生物制药公司，例如有多款获批产品的成熟企业，官僚作风根深蒂固，采用新技术的速度缓慢。
- 申办临床试验的生物制药公司委托的临床研究机构（CRO）负责管理研究，通常也负责招募患者，但在这方面时常遇到困难。

再次，我看到，招募方式也是五花八门的。有些公司挖掘电子记录，有些公司打造长期数据库，还有些公司接受网站（而非申办者）的委托。

有了这些资料，我为 Seeker Health 撰写出以下市场定位声明：

市场定位声明

Seeker Health 是最为新型的端到端患者招募平台，致力于服务新兴生物制药公司和创新临床研究机构，助力这些公司和机构研发拯救生命的新疗法。我们能够加快招募病情复杂的罕见病患者，尽早为亟须新疗法的患者带来福音。

我不是创办 Seeker Health 的第一天就坐下来写这份市场定位声明的。当时，我对市场还没有足够的了解，不懂得怎样细分。但慢慢地，随着我对市场的了解加深，也就写出了这份市场定位声明，并加以完善。

我每次得知有新公司进入市场，都会收集信息，看一下 Seeker Health 的与众不同之处是否还成立。尤其是在拥挤的市场，千万不要企图满足所有人的所有需求，而是要找到 Seeker Health 可以提供服务、脱颖而出的最有价值的一个点。

一年又一年，本杰明原本频频发来关于新竞争对手的邮件，慢慢变得稀稀落落。是新入场的公司变少了吗？是有些公司倒闭了吗？这两个问题的答案都是肯定的。市场上出现了赢家。而 Seeker Health 找到了差异化的一个点，在这个点上存活下来，实现增长。

二、给创业者的忠告：市场定位的重要性

企业必然要面对竞争。在最具吸引力的市场，客户需要解决问题，就必然会有多家公司努力去解决。只要你积极与竞争对手交流互动，竞争对手就会为你提供所需的信息，让你找到最有价值的市场定位，也就会让你的初创企业变得更好。

第1步：分析和研究竞争对手，向竞争对手提问。在商业丛林里，竞争就像阳光，可以为你提供养分。只要直面疼痛，痛楚就没那么可怕了；同理，只要直面竞争对手，对方看起来就没那么凶狠了，对方身上的缺点也会被放大。你会发现，其实竞争对手并不比你聪明，也不比你勤奋。分析竞争对手，向竞争对手提问，你可以从中洞悉不同之处，选择你的初创企业可以脱颖而出、增长制胜的领域。

请花点时间想想看：你怎样才能加深对竞争对手的了解呢？

第2步：细分市场。所谓细分市场，是指将总体市场中的用户划分成若干个用户群体，同一细分市场中的用户有类似的行为或需求。

请花点时间想想看：你会怎样细分市场？

第3步：选择你的市场定位。选择企业或产品的市场定位，意味着选择要在哪个位置上经营，真切满足客户需求。

你或许要问：何必要选择呢？要是我的初创企业打造出每个人都想购买的产品，岂不是更好吗？那么，我们就来讨论一下这个问题吧。

撰写市场定位声明时，需要回答以下4个问题：

- 你的客户是谁？要问的问题：谁会购买你的产品或服务？
- 你的初创企业为什么是……最／最好／唯一的？要问的问题：你有什么内涵（品牌内涵）？你怎样解决客户的问题？
- 你的初创企业主要能为客户带来哪些好处？要问的问题：客户为什么要选择你，而不选择你的竞争对手？你有什么特别的专长或神奇力量？
- 你的初创企业是怎样实现一项终极好处的？这项好处应该是重要的、有意义的，能让你这个人实现超越的。要问的问题：你为什么要把宝贵的生命投入这项事业？

关于市场定位，我最后还想说一句：你的公司需要市场定位，你的每项产品也需要市场定位。公司的市场定位就像一把伞，伞下是定位适当的产品。

第4步：把注意力重新集中到你的初创企业上。在商界，竞争是家常便饭；可是在正念中，竞争是不自然的。正念导师会教我们，不要拿自己与他人做比较。你观察竞争对手之后，一定要把全部注意力重新集中到自己的初创企业上。你的初创企业要蓬勃发展，靠的不是与竞争对手做比较，而是集中精力发展自己的业务。

三、引导式冥想：花园里有自己的位置

深吸一口气，在你的心里，和我一起前往附近的花园。在这个花园里，你看到多种多样的树木、植物和花朵。

抬头看看太阳，低头看看植物。请留意一下，阳光照在哪些植物上。有足够的阳光，可以满足所有植物的生长需求。

低头看看土壤，抬头看看周围的树木、植物和花朵。请留意一下，所有树木、植物和花朵都从土壤中汲取养分。土壤中有足够的养分，可以满足所有树木、植物和花朵的生长需求。

在花园里坐下来。你的竞争对手是不是就像这个花园里的其他树木、植物和花朵呢？会不会有足够的阳光、水和养分，满足所有树木、植物和花朵的生长需求呢？

现在，在花园里躺下来。你觉得，那朵蓝色的花会绞尽脑汁地去想，那棵树到底会不会抢走所有阳光呢？那朵蓝色的花想的是，做一朵蓝色的花。它想的是，花园里有自己的位置。它想的是，自己不是花园里唯一的植物，却是花园的一部分，并为此感到安心。那朵蓝色的花唯一要做的，是充分活出自己的生命。

你和你的初创企业也是一样。不管市场里还有哪些竞争对手，还是有足够的阳光、水和养分来满足你的初创企业的生长需求。你能不能看到这一点呢？

你唯一要做的是优化你的初创企业的价值和影响力。像那朵蓝色的花一样，继续生长吧。唯一重要的是让你的初创企业充分活出自己的生命。

四、本章要点

- 了解竞争对手，设计市场定位。
- 不要企图讨好所有人。明确你要解决哪个问题，是为哪个用户群体解决这个问题。

- 撰写市场定位声明，明确面向你的客户，说明你要解决的问题、你可以为客户带来的好处，以及你的公司存在的宗旨。随着你从市场获取进一步的洞见，持续评估这份声明。
- 抱持"富足心态"。在商业丛林里，有足够的土壤和阳光，供市场上大多数物种吸收利用，满足生长所需。
- 你观察竞争对手之后，要把全部注意力重新集中到自己的初创企业上，优化其价值和影响力。

第七章
聘用能干的"一张白纸"

> 米开朗琪罗（Michelangelo）有一句时常被人引用的名言："每块石头或大理石里，都有一尊美丽的雕像；只要去除多余的材料，里面的艺术品便会展现在眼前。"
>
> ——罗莎蒙德·斯通·赞德（Rosamund Stone Zander）和本杰明·赞德（Benjamin Zander）

> 我开始相信，学习是初创企业进步的重要部分。
>
> ——埃里克·莱斯（Eric Ries）

一、创业小故事

"她过去 6 年都没有工作。"朋友卡罗琳(Caroline)小心翼翼地告诉我,好像生怕某个地方措辞不当,我就会失去兴趣。

"她当初是为了抚养双胞胎才辞职的。"卡罗琳继续说道,"桑德拉,我与莎伦(Sharon)面谈过,觉得她很棒,很适合 Seeker Health。我把她的联系方式给你,好吗?"

许多创始人听了这话,会说:"卡罗琳,非常感谢你。我会看一下的。"然后把简历放进"其他"文件夹,把这段对话忘到九霄云外。毕竟,许多初创企业招人的标准与成熟的美国大企业一样:名校毕业生,积累了相关工作经验,没有职场空白期,通常十分在意外在成就和声誉,愿意加班加点地工作。

可是，我从公司创办那天起，就不是这样招聘员工的。Seeker Health 的核心业务非常新颖，根本请不到经验丰富的人。就算有这样的人，对方的薪资要求也太高，不愿意承担风险，更不会加入一家脆弱的初创企业。

于是，我想请的人是"一张白纸"。这种人满怀激情，富有才干，愿意在新的行当里学习。我找的人要有坚毅的精神——面对障碍，这人会不会坚持不懈？我找的人要有成长型思维——这人能否学习成长？我找的人要有同理心——这人能否关怀和理解罕见病患者，以及想要完成临床试验患者招募的工作？

与卡罗琳的这番对话是充满希望的。我不仅要继续聘用还是"一张白纸"的求职者，还要利用 Seeker Health 这家初创企业打破就业市场上传统的刻板印象。此外，在聘用员工时，要是顺便还能帮助一位能干的女性重返职场，那该多有意义啊！

我和莎伦一见面，马上就明白了卡罗琳的意思。首先，莎伦在离职抚养孩子之前，有绝佳的工作经验。此外，她整个人散发着积极肯干、热情友好的能量。听到我们的使命是让患者更易于参与临床试验，加快研发重要疗法，莎伦脸上焕发出光彩。她愿意学习和了解这项业务。

但我在莎伦身上看到的最重要的素质是同理心。我评估所有新员工时，都会想象他们与客户互动的场景。我想，莎伦与客户互动时，一定会努力理解客户的问题，凭着我们的解决方案以及与客户之间的交流互动取悦客户。

此外，我希望聘用的团队成员与我自己的行事风格相平衡。莎伦外表沉静，一丝不苟，与我自己风风火火的风格形成互补。

Seeker Health 成立第一年，我聘用了莎伦，指导她上手工作。这些年来，她承担的工作越来越多，职责也有所变化，我们形成了真正的双赢局面。莎伦有一份有趣的工作，享受弹性工作时间，也服务了客户，在公司软件研发过程中起到了重要作用。她至今仍在公司工作，在我们的执行团队中担任高级职位。

许多创始人会把莎伦的简历刷掉，转而选择没有职场空白期的求职者。许多创始人会聘用三名全职员工，而不是一名能干的兼职员工。这是那些创始人的损失。

二、给创业者的忠告：成长型思维、使命和平衡

入职公司最早的几位员工会成为你的新家人，推动你

的初创企业取得发展,这是至关重要的。在《飞越市场牵引力鸿沟》(*Traversing the Traction Gap*)一书中,布鲁斯·克利夫兰(Bruce Cleveland)表示:"你或许会以为首席执行官和/或创始人会说,产品是最重要的。那么,你就错了。事实上,要是没有优秀的人才、以客户为中心的清晰理念,以及取得利润、营收和增长的模式,单凭产品,公司是不可能取得成功的。"克利夫兰把人才放在第一位,绝非偶然。

归根到底,企业聘用员工是价值交换,而这个价值也不全是钱。传统招聘看重高学历、过往工作经验,还有"你能否夜以继日、加班加点工作"。不妨抛开那一套,专心打造出这样一支团队吧:团队成员能够学习成长,遇到困难也坚持不懈,服务客户,也与你自己的行事风格相平衡。

三、你要打造出怎样的团队

首先,要找具有成长型思维的人。在《终身成长:重新定义成功的思维模式》(*Mindset: The New Psychology of Success*)一书中,卡罗尔·德韦克(Carol Dweck)描述了

第七章 聘用能干的"一张白纸"

两种思维模式：固定型与成长型。固定型思维的人相信才能、技能、性格和创造力都是与生俱来的，不可能发生重大变化。成长型思维的人相信通过练习和努力，可以改进和培养这些特质。

成长型思维的人相信自己有能力改变和改进，往往更热衷于学习，把失败看作改进的机会。

与之相反，固定型思维的人相信自己无法改变，这也通常会成为自证预言[①]。他们渴望得到别人的肯定，若不能快速取得成功，就很容易放弃。

成长型思维的潜在团队成员会有这样的态度：

- 我能够学习成长。
- 我把失败看作学习的机会。
- 我擅长这项技能，是因为自己努力学习，才培养出这项技能。
- 我愿意采取行动，使自己变得更好。
- 挑战可以帮助我学习，所以我欢迎挑战。
- 别人的反馈意见可以帮助我改进，我对此表示

[①] 自证预言是指人会不自觉地按已知的预言来行事，最终令预言发生。——译者注

感谢。
- 我还在进步。

在某种程度上，一个人过往的经历其实并不重要。只要他们愿意学习，就能够学习到所需技能，做好接下来的工作，就可以了。

其次，要找一个对你的初创企业的使命坚信不疑的人。首先你要回答一个基本的问题：这个人对你的公司想要实现的目标是否充满热情？请注意，这是一个非"是"即"否"的问题，对这个问题回答"也许吧"就等于"否"。

你可以思考以下几个问题，评估这个人对你的初创企业的使命是否坚信不疑：

- 这个人是否会全身心投入你的初创企业？
- 这个人是否会提出相关问题，对你的初创企业表现出兴趣和好奇心？
- 这个人是否觉得投入宝贵的时间和生命在你的初创企业中工作，是一件有意义的事？
- 这个人是否相信我们所做的事是有意义的，值得我

第七章 聘用能干的"一张白纸"

们坚守这份承诺，所以即使遇到挑战，最终也会想出办法，继续前进？

再次，要找让团队成员行事风格相平衡的人。你要找的人，行事风格要与你互补；最终，整个团队的行事风格也要形成互补。此外，能量输出应该既不是过于外泄，也不是过于内敛，而是安定平和的。我们来详细看一下这两个方面吧。

1.利用 Everything DiSC® 性格测评[①]，让团队成员行事风格相平衡

Everything DiSC® 测评是一个不带评判的工具，用于讨论人与人之间的行为差异。我们都可以成长变化，但一开始总有一个特定的行为风格。要打造一支平衡的团队，第一步是了解你自己的行为测评报告。该测评把一个圆圈分为4个象限，用以代表人的4种基本性格类型（见图7.1）。

[①] Everything DiSC® 性格测评为约翰威立国际出版集团（John Wiley & Sons）©2014 年版权所有。Everything DiSC® 为约翰威立国际出版集团的注册商标，保留所有权利。经约翰威立国际出版集团允许在此重印。如需了解有关 Everything DiSC® 的更多信息，请访问 www.everythingdisc.com。

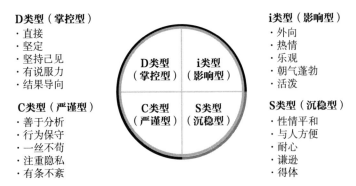

图 7.1 Everything DiSC® 模型概览

- D 类型（掌控型）——D 类型的人注重业绩、利润，充满信心。

- i 类型（影响型）——i 类型的人喜欢影响和说服别人，持开放态度，善于交际。

- S 类型（沉稳型）——S 类型的人注重合作，为人真诚可靠。

- C 类型（严谨型）——C 类型的人注重质量、准确性、专业知识和胜任力。

做完 Everything DiSC® 测评，你要是发现自己是 i 和 D 类型的，也就是喜欢影响和说服别人，充满信心地采取行动，做出业绩，就最好聘用几位 S 和 C 类型的员工，与

第七章 聘用能干的"一张白纸"

自己形成互补。每种类型的风格都有几个盲点，因此，要聘用行事风格与自己相反的员工。这样一来，你多半看不到的地方，才有人看到；你多半想不到的地方，才有人想到。

我单凭直觉聘用了莎伦。几年后，她做了 Everything DiSC® 测评。你猜怎么着？原来她是 C 类型的，与我的 i 和 D 类型截然相反，我们俩的行为风格正好形成互补。我本来就知道这一点，这下得到了证明。

2. 能量倾向：过于外泄、过于内敛或安定平和

要评估员工与自己是否相平衡，还要解读对方的能量倾向。艾莉森·阿什（Alison Ash）博士是社会学家，在灵玩节（SoulPlay Festival）主持了以"能量倾向"为题的工作坊。她表示，一个人在某时某刻的状态，可能是这三者之一：过于外泄、过于内敛或安定平和。

过于外泄——能量过于外泄的人热情过度，对这份工作或这次交流互动表现得太心切。别人接收到这股能量，会难以承受，感到不适，通常会退却，与之拉开距离。

过于内敛——能量过于内敛的人表现冷淡，好像不在意别人，与人有距离感。别人接收到这股能量，会感到与这个人有距离，可能会重新接触、沟通，也可能会完全退却。

安定平和——能量安定平和的人既没有过于外泄，也没有过于内敛。他们展现出开放、友好的姿态。别人接收到这股能量，能够保持安定平和，既不需要多努力一把、加强互动，也不需要退却。

你可以在面试过程中收集数据，加上自己的直觉，尽量判断这人是否与你的行事风格互补，是否会带着安定平和的能量做这份工作。曾经有些团队成员加入 Seeker Health 之后，才发现不合适。回想起来，他们往往属于能量过于外泄的类型，热情过度。这些人能量过剩，外溢出来，精力涣散。别人（客户和团队成员）接收到这股能量，会难以承受。

随着公司业务规模增长，团队规模扩大，你可以继续利用这项工具，确保团队主管与成员的行事风格相平衡。研究显示，在从事可以客观衡量的任务时，多元化团队虽然对表现的信心较弱，感知到的互动效果较差（以自我报告为指标），但从客观结果来看，他们的表现其实胜过人员构成更单一的团队。[1] 打造多元化团队或许会带来阵痛，一

---

[1] Katherine W. Phillips, Katie A Liljenquist, and Margaret A. Neale, "Is The Pain Worth the Gain? The Advantages and Liabilities of Agreeing with Socially Distinct Newcomers," *Personality and Social Science Bulletin* 35, no. 3, (March 2009): 336–350, https://doi.org/10.1177%2F0146167208328062.

开始可能要忍受不适，但由此带来的收益是值得的。

最后，维持小团队运作。公司开始增长了，大多数人会提出的第一个问题是，你的公司有多大。这里问的是你聘用了多少员工，似乎人越多越好。

初创企业创始人会面临压力，想要尽快、尽量扩大团队规模。你要顶住压力，不要过分扩大团队规模。团队并不是越大越好。

小团队有很多好处：

- 团队成员需要承担更多职责，工作更有趣。他们会接触到更多客户、职能部门、机会和挑战。
- 面向某一家客户的工作，只有几位团队成员参与，与客户之间的交流互动更精简、高效。
- 小团队明白，人力资源是有限的，所以对自动化持更开放的态度。
- 沟通交流更顺畅。
- 工资总支出较低。
- 人均营收较高。
- 人均利润较高。
- 现金生命周期较长。

和我描述的大多数方面一样,你要寻求中间路线。人不要太多,也不要太少,有足够的人手即可,让你的初创企业蓬勃发展。

最后要说一句:招聘没有公式,只是为了满足初创企业的需要。要知道,随着初创企业业务增长,这些需要也会发生变化。

四、引导式冥想:每位团队成员都有自身的价值

深吸一口气,把能量带回体内。再深吸一口气,觉察你的心。你的心现在有多开放?

我想讲一下我阿姨的故事。我管她叫"克拉拉阿姨"(Tia Clara,"tía"是西班牙语的"阿姨")。打我有记忆起,大人就告诉我,克拉拉阿姨"不正常"。没有人能给出准确的诊断,但可以看出来,克拉拉阿姨发育迟缓。她记不住信息,高中没毕业,也没有工作。

母亲需要人帮忙,便给了她一份工作。克拉拉阿姨的工作是在我和我两个弟弟放学后、母亲下班之前照顾我们。克拉拉阿姨的工作是带我们上公园,在街角的面包店给我们买糕点,我们会帮她算店员的找零对不对。克拉拉阿姨

第七章 聘用能干的"一张白纸"

的工作就是爱我们。这便引发了我的思考：既然连克拉拉阿姨都能做好一份工作，世上其他人又如何呢？

现在，我们去往你的心里。我想问你：你心里构建起了哪些社会的条条框框？这些条条框框是怎样把人拒之门外的？是怎样阻碍你发掘每个人的价值的？

现在，我们走到一个条条框框前面。或许这个条条框框告诉你，一个人不能有职场空白期，不能走弯路，才值得被聘用。或许这个条条框框告诉你，一个人要有常春藤盟校学位，才能在你的初创企业工作。或许你喜欢能够加班加点的人。看一下，由于这个条条框框，你拒绝了怎样的人。

深吸一口气。

现在，请问一下自己，你怎样才能拆除心里这个条条框框。它的去留，由你决定。

往心里深吸一口气，你的心现在更开放了。有哪些条条框框可以留下，哪些要去掉，由你决定。

你要不要敞开自己的心，发掘眼前每个人的价值，由你决定。

五、本章要点

- 你为初创企业招人的时候，要找愿意成长、对你的使命满怀热情的人。
- 你聘用的人应该能够成长，从失败中学习；比起内在才能，更注重工作和坚持不懈的精神。
- 做 Everything DiSC® 测评，了解自己的行为倾向，以此为指导，聘用与自己行事风格互补的人。
- 评估求职者的能量，能量应该既不是过于外泄，也不是过于内敛，而是安定平和的。
- 维持小团队运作，以最大限度提升效率，实现可持续发展。

第八章

紧闭的门

想要进行更积极的体验,本身就是在进行消极体验。看似矛盾的是,接纳消极体验,本身就是在进行积极体验。

——马克·曼森(Mark Manson)

即使出师不利,也不要放弃自己热爱的事情。即使遇到困难挫折,也不要灰心丧气,或者愤世嫉俗。

——巴拉克·奥巴马(Barack Obama)

一、创业小故事

"*Ya va a pasar*。"在西班牙语中,这句话的意思是"这很快就会过去的"。凡是看到别人遭受痛苦,我父亲都爱用这句话来安慰人。我弟弟摔倒了叫疼,"这很快就会过去的"。我阿姨为找不到工作而难过,"这很快就会过去的"。五金店客户向店老板倾诉,维持生计有多难,"这很快就会过去的"。

久而久之,我明白这句话不只是简单表达出乐观态度,还有更深远的含义。我们周围的一切随时随地都在发生变化。或许带来痛苦的原因没有改变,但总有什么别的东西会改变,缓解你的痛苦。要是孩子患有罕见遗传病,我想对疼爱孩子、愿意为孩子付出一切的父母说:或许这个疾病永远不会消失,但可能会有什么别的发生改变——制药公司研发出新疗法；患者和家人找到新的支持，能够忍耐这个障碍；有时甚至能找到值得感恩之处。

在 Seeker Health 发展过程中，我时常会感到沮丧。我多么希望父亲还在世，用他那和蔼的声音告诉我："这很快就会过去的。"但是他已经离世，我只好一次又一次地这样告诉自己。我知道，有些方面会过去的，有些方面只能忍耐。

有一段时间，我连连遭遇不顺，也因此更深入思考困难的性质。首先，有患者倡议组织投诉我们，对我们收集数据的做法表示不满。一扇门在我面前"砰"的一声关上，"这很快就会过去的"。接下来，我们经营"Seeker Health"以外的品牌，在拓展业务的过程中，在新业务上与一家新客户没沟通好。"砰"的一声，又一扇门关上，"这很快就会过去的"。最后，我收到了一封《责令停止侵权警告函》，里面告诉我说，我们的公司名称与另一家服务型公司过于相似。"砰！砰！砰！"门接连关上，这很快就会过去吗？我不那么确定了。

幸好，这些拒绝都不是直接与 Seeker Health 相关的。被人"砰"的一声关上门的，是我推出的第二款试验产品。我本来想，要说有谁能为了试验产品承受别人"砰"的一

第八章 紧闭的门

声在面前关上门，那就是我了吧。可是，接连受挫之后，我还是躺在地上，粗喘着气，问自己："我哪里出错了？怎样才能不这么痛苦？"

我知道自己是怎样走到这一步的：临床试验业务持续快速增长，我的信心也随之增强。我觉得，生物制药市场上蕴藏着那么多商机，我们大可以利用招募患者的方式，发掘这些机会。于是，我找到了另一项需求，为此推出了另一款试验产品。由于试验产品本身必然会有风险，我决定在 Seeker Health 之外成立一个完全不一样的品牌，在新品牌下经营这个项目。我走了小小的弯路，但在这个过程中，这或许是我做出的唯一正确的决定。

推出这款试验产品才 1 个月，就有 3 扇门在我面前"砰"的一声关上。我不介意遇到障碍，成立 Seeker Health 以来，我应对过许多障碍，包括客户逾期付款，拟定法律协议耗时过久，软件出错，质量保证问题，等等。

这几扇门"砰"的一声关上，感觉却不一样。这几扇好像是厚重的金属门，门锁很复杂。这些不仅仅是障碍，就算我们道歉、推出新功能或提升执行力，也无济于事。这些门之所以紧闭，是由于产品／市场契合点存在根本性问题，想要解决，只能从根本上改变，单凭推出新策略是没有用的。这些紧闭的门令我忧心忡忡，我担心会破坏与客户和其他利益相关者的关系。遇到这些紧闭的门，我就像肚子上被人踢了一脚或脸上被人打了一拳一样，痛苦不堪。这些紧闭的门就像荧光黄的标志上写着"此路不通"。

我不会告诉你说，这些紧闭的门是我和我的初创企业遇到过最好的事——经受过那样的痛苦，我说不出这话。但我可以说的是，这些紧闭的门就像让人疼痛的手术一样，是有帮助的，也让我学到了不少。这些紧闭的门可以指引我把注意力重新投入临床试验产品。这款产品运作情况良好，我没有收到《责令停止侵权警告函》，没有让客户感到失望，脸上也没有淤青。拓展新产品的时机还不成熟，就算要拓展，也不该是这个试验产品。在现阶段，我应该保持专注，深入挖掘。于是，我不再分散注意力，而是回到"单一深度专注"状态，专心发展 Seeker Health，继续推动业务增长，实现我们的使命。

这些紧闭的门让我学到了不少。我学会了区分障碍和紧闭的门，为这两种情况做好心理准备，也学会了遇到这两种情况之后，怎样重整旗鼓。

二、给创业者的忠告：塞翁失马，焉知非福

先来看一则中国寓言故事《塞翁失马，焉知非福》：

从前有个农民，得了一匹马，没多久就走失了。

邻居说："唉，真倒霉！"

这个农民回答说："也不见得是坏事，说不定还是好事呢！"

马自己跑回来了，还领来了另一匹马。

大家说："恭喜你，好有福气！"

这个农民回答说："也不见得是好事，说不定还是坏事呢！"

农民把第二匹马送给了儿子。儿子骑马，却从马背上摔下来，跌断了腿，伤得很重。

邻居前来安慰："听说你儿子遭难了，大家都为你们难过。"

这农民回答说："也不见得是坏事，说不定还是好事呢！"

一个星期后，国王手下的武将前来，把所有体格健全的年轻男子都征召入伍作战了。

农民的儿子可以免服兵役，而保全了一条性命。

简而言之，你一定会有觉得自己遇到了困难的时候。

在创业过程中，必然会遭遇不愉快的体验和痛苦。你一定会遇到自以为的消极体验。区分你遇到的消极体验，会帮助你尽可能善用机会。

首先，你会遇到障碍。所谓障碍，是指你在前行路上遇到的问题。这些问题是可以解决的。有时候，你可能需要投入更多的时间和精力，但解决方案就在前方。障碍会让你的初创企业变得更好。克服了障碍，你就可能会形成新的神奇力量，为你服务的市场创造价值。

其次，你会遇到紧闭的门。这就像一面砖墙，挡住了你的去路，让你把精力转投别处。紧闭的门没那么容易解决。是的，或许你最终可以打开这扇紧闭的门，但此时此刻，你没有那么多时间、精力或资金。紧闭的门好像会让你和你的初创企业变弱，让你把精力转投别处。

决定一个问题究竟是障碍还是紧闭的门，对于一家初创企业来说是至关重要的。

你不知道从全局来看，此时、此地、此事意味着什么。

你不知道最终的结果。基本上，最终的结果是持续发展变化的。因此，或许你现在觉得某件事非常消极，但日后才发现，这件事让你免于陷入更糟糕的境地，其实是积极体验，只是你此时此刻还不明白。总的来说，面对消极体验，

第八章 紧闭的门

无论是障碍还是紧闭的门,都要持欢迎的态度。利用障碍来改进你的初创企业,利用紧闭的门,把精力转投别处。

研究显示,纵然面对障碍也坚持不懈,甚至比才能更重要。在《坚毅:释放激情与坚持的力量》(*Grit: The Power of Passion and Perseverance*)一书中,安杰拉·达克沃思(Angela Duckworth)表示:"不管在哪个领域,非常成功的人……不仅有决心,还有方向。成就高的人与众不同之处在于,兼具激情与坚持不懈的精神。换言之,他们具备坚毅的品格。"这种坚毅的品格甚至比才能更重要。

研究还显示,遇到困难,我们会学到并记住更多信息。在两项独立的研究中,参与者分为两组。一组拿到字体难读的材料,另一组拿到字体易读的材料。研究人员想知道,难读字体令大脑加工过程加深,会不会提升记忆力表现。研究 1 发现,在受控的实验室环境下,比起拿到字体易读材料的一组,拿到字体难读材料的一组更能记住材料中的信息。研究 2 利用高中课堂做实验,也得出了相同的结论。[①] 面对字体难读材料,参与者似乎会调动更多脑力,

---

[①] Connor Diemand-Yauman, Daniel M. Oppenheimer, and Erikka B. Vaughan, "Fortune Favors the Bold (and the Italicized): Effects of Disfluency on Educational Outcomes," *Cognition* 118, no.1 (January 2011): 111–115, https://doi.org/10.1016/j.cognition.2010.09.012.

提升记忆力。

你可以从正念的角度,把创业过程中的遭遇视为成长的机会。不管是好事还是坏事,不管在不在你的控制范围内,都是成长的机会。

从正念的角度,只要你是一番好意,设定了清晰的意图,由此出发采取行动,就谈不上失败,谈不上惨败,谈不上砸了锅。上天明白,你是一番好意,设定了清晰的意图,想要发挥自己的潜力。冥冥中,上天仿佛在你下方设了一张安全网。你每次跌倒,只要学习成长,调整适应,想要继续前进,就一定可以继续前进。

我要说明一点:请不要耍小花招,去测试上天这张安全网。是的,如果你眼看着车来车往,还横冲五车道的高速公路,就铁定会丧命的。你蠢成这样,上天也救不了你。这个灵性的概念并不代表你可以恣意妄为。

你必须是一番好意,必须设定清晰的意图。你必须想要生存、成长、服务、创造。唯有如此,上天才能再给你一次机会。

最后,要知道,面对障碍或紧闭的门,你的心里会源源不断地提出问题,分散你的注意力:

- 为什么偏偏是我遇到这种事？
- 我应该继续吗？
- 值得吗？
- 不如现在放弃吧？
- 不如把这看作沉没成本，就此作罢吧？
- 给我以前的老板打工，好像也没那么糟糕？

不要理会这些问题。这些反对的声音是很自然的，是意料之中的，你能够解决。你已经付出了很多努力，现在要继续前进。

三、引导式冥想：自省消极体验

在冥想之前，可以先拿一张纸，准备记下自己在冥想过程中获取的洞见。

闭上眼睛，深吸一口气。把体外忙于各种活动的所有能量带回体内。再深吸一口气，屏息4秒，缓缓呼出。呼气时，把余下的干扰项全部释放。现在的你只是活在当下。

在这种觉察自己内在的状态下，扫描自己的生活，看有哪些所谓的消极体验。或许你已经累积了不少：失望、心碎、失去……现在，选择其中一个所谓的消极体验。无论发生了什么事，在这段体验中，你大概都会感觉孤独、害怕、震惊或困惑。

请把这段消极体验看作海洋里的一个波浪。这个波浪开始形成、变大、变到最大，然后变小，最后就消失了。这个波浪（消极的感觉）离你而去了，这段体验还余下什么？克服了这个障碍，有没有让你变强？你从中汲取了什么经验教训？你是怎样改变方向的？你显然还活着，还在奋斗。

你能否把这些消极体验看作生活中必然会有的事？这些体验是正常的，是意料之中的，是生活的馈赠。你可以从中有所收获。

深吸一口气，睁开眼睛。

四、本章要点

- 平静地接受这样一个事实：在创业路上，你必然会遇到障碍和紧闭的门，这都是意料之中的。
- 要克服障碍比较难，但并非不可能。你可以发现障碍，克服了之后会变强，又或者会掌握新的能力。

- 紧闭的门太难克服了，会让你变弱。
- 学会区分障碍和紧闭的门，有的放矢地向前推进。

第九章

防止倦怠

你有这个叫"人体"的脆弱躯壳,困居于地球之上。

——尼尔·德格拉斯·泰森(Neil deGrasse Tyson)

杜菲先生活在与自己的躯体拉开了一点距离的地方。

——詹姆斯·乔伊斯(James Joyce)

一、创业小故事

我创办 Seeker Health 的时候之所以没有倦怠,只是由于有过前车之鉴,太过难受,连带损失惨重,让我事先有了提防。

回想 2012 年,我在马林综合医院(Marin General Hospital)手术恢复室里,外科医生切除了我的胆囊,把里面所有结石也一并取出。做完手术,医生告诉我说:"那袋结石随时会撑破你的胆囊。你还活着,算你走运。"

压力、怀孕和"果汁清肠"[①] 都是胆结石的风险因素,而我是这三项的常客。当时,我在大公司工作,时常要出差,我有两个小孩,并且我执着于体重,这些都让我"压

---

① 一种减重饮食,在一段期间不吃正餐,只喝代餐或果蔬汁。——译者注

力山大"。

我感觉有一团乌云把我整个人笼罩起来。我的过去、现在和未来，一切都一片灰暗。偶尔我好好睡了一觉，会有那么一会儿觉得自己还有份工作、有孩子、有这么充实的生活，所以才这么累，应该感恩才是。但我好像没有办法把自己的心态扭转过来。

原来，胆结石只是症状，并不是疾病的源头。我做完手术，慢慢康复，更难熬的治疗还在后头。凡是想把病治好的人可以尝试的方法，我都试了。我去看了很多次医生，做按摩、针灸、瑜伽、热瑜伽，吃营养品，还接受了灵气疗法和心理治疗。有的医生建议我补充镁；有的医生建议我补充黄体酮；有的医生建议我多摄入高蛋白食物；有的医生建议我多摄入无脂肪的素食；还有的医生诊断我患上了"适应性障碍"，建议我吃"一点点抗抑郁药，熬过低谷期"。

然后有一天，我厌倦了四处求医问人。我终于明白了自己的病是什么。我的病是我自己。不知怎么的，我成了工作狂和完美主义者。不知怎么的，我不再关爱自己。不知怎么的，我丧失了生活的乐趣。不知怎么的，我对自己的生活无法适应。唯一能收拾这个乱摊子的人，是我自己。

为了应对这些状况，有两个合乎逻辑的选项：

第九章 防止倦怠

- 改变我的生活，或者……
- 接纳我生活中的人和事。

2014年，这两项我都选了：改变许多，接纳许多。

有时候，做出改变比适应现实更容易。于是，我换了份工作，搬了家。孩子转学了；我和丈夫的关系回归原点，重新出发；我们找到更可靠的人手照管孩子；我改变了我们过周末的方式，不再一整天忙忙碌碌，而是腾出时间打个盹儿。

我花更多时间探索自己的内心，发现了连自己也没有意识到的伤口。我发现，小时候我考试考了98分，大人却说满分是100分，问我为什么考不到满分。自那时起，我就觉得自己"不够好"。我发现，我年幼时，在自己还没有办法表达同不同意的时候，大人就给我扎了耳洞，我为此一直耿耿于怀。我发现，我16岁那年离开乌拉圭，没有和一些人道别，多年后依然感到遗憾。移民不由我选择，我不知道自己属于哪里，哪里是我的家，我无时无刻不感到匮乏，时隔20多年，我依然在为此挣扎。

我把这堆要应对的问题称为"痛苦之汤"。我的"痛苦之汤"文火慢炖了几十年，生活还不时往里加点料。现在，这锅汤沸腾得厉害，不仅烫伤了我，还烫伤了别人。

这样深入探索自己的内心，是一件痛苦的事。我也知道，事已至此，就像打翻的牛奶，是覆水难收的。但牛奶洒了一地，总得有人去抹干净，而这个人就是我。问题积压了一堆，让人不知从何着手。我干脆在某个问题出现的时候再去处理。移民、贫困、性别歧视、创伤……这些问题都在我心里打滚儿。

纵然痛苦，这段内心的征程也带来了丰硕的成果。直面和感受到了这些痛苦的情绪，我就开始与真正的自己建立联结，找到自己生活的目的和价值。在痛苦中找到意义，意味着找到内心的平静。

我生活的目的是为家人开辟新路，编织安全网。我生活的目的是工作、学习、教导他人，打造一家公司，对真实的人产生影响，为他人提供就业机会。我生活的目的是抚养两个孩子，给予他们无条件的爱，从夫妻关系中学习，把自己在生活中总结出来的经验教训传授给有需要的人。我生活的目的是从痛苦中创造——毕竟，若要等痛苦消失，那可能要等一辈子。

2015 年，我有机会创办 Seeker Health，我向自己承诺：我当然会努力工作，但这辈子再也不要把自己逼到倦怠的

第九章 防止倦怠

境地了。我是人，也找到了自己的极限在哪里。

我成立了公司，推动业务发展。日子忙忙碌碌，大脑处理的事务越发增多，肩膀和下巴开始绷紧。没过多久，我就游走在倦怠边缘了：再多一场客户会议，再多一次专利申请审查，再看一眼求职者简历，我就会陷入倦怠。

我知道自己的极限在哪里，但还是会游走在倦怠边缘。2019 年初，我在社交平台上发帖：

> 我的身体需要休息，心里却为此不耐烦，还占了上风。于是，我明明累了，还去做太繁重的工作；明明满档了，还去承诺太多；明明找到了，还去过分寻觅。但接下来，我的身体总是能打赢这场仗，我会筋疲力尽地瘫倒在地，等它想办法产生新的能量，才能重新爬起来。终有一天，这可怜的身体会输掉这场仗。到那时，我的朋友们，我这辈子也就永远结束了。所以，我现在要回到床上睡觉。

还有一部分的我，想要随时随地竭尽全力，我还在学习如何应对。我会写日记、冥想、写作、跳舞，还会看启发我思考的材料。身边有爱我的人，我会腾出时间去休息、去静修。

我之前的生活"压力山大",胆囊已经为此壮烈牺牲。现在,我身无胆囊,还凑合过得下去。但我也知道,我再也没有哪个"即抛型"身体部位可以再为倦怠牺牲了。

二、给创业者的忠告:防止倦怠

要创业,肯定要付出努力,这是一定的。这就等于生小孩,必然会有混乱、痛苦和流血。你的目标是在这种混乱的状态下坚持住,又不能把自己逼到倦怠的地步。

你的极限在哪里?这个问题的答案只有你自己知道。因此,你可能需要与倦怠擦肩而过,才能学会避免与之同眠。要创办一家新公司,忙是一定的。要在这种状态下坚持住,你需要照顾好自己的身体。这就需要你保持正念,关照自己。

1. 比较明显的方面

说到关照自己的身体,有些方面比较明显,而有些方面不那么明显。请考虑以下较明显的方面:

第九章 防止倦怠

- 睡眠。
- 活动。
- 为身体补充能量的食物。
- 水分。
- 阳光。
- 大自然。

2. 不那么明显的方面：区分压力源和压力

在《情绪耗竭：停止过度付出、解开压力循环》(*Burnout: The Secret to Unlocking the Stress Cycle*)[①] 一书中，艾蜜莉·纳高斯基（Emily Nagoski）和艾米莉亚·纳高斯基（Amelia Nagoski）提出了一个重要概念，帮助你保护用于创造的躯体，那就是区分压力的源头和你的身体对此的反应。

- 压力源是导致你的身体产生压力反应的源头。这可能是工作、看护关系、恋爱关系、要启动或结束的项目、艰难的体验、财务状况，等等。
- 压力是你遇到压力源时，身体和心智出现的神经和

[①] Burnout 就是本书所说的"倦怠"。《情绪耗竭：停止过度付出、解开压力循环》是世茂出版社 2022 年出版的译本，译者石一久。——译者注

生理变化。

这里有重要的区分。很多时候，你已经摆脱压力源了（简报做完了，合同签下来了，辞职了，学期结束了，关系终结了，孩子离家独立生活了，发工资了），可是，压力反应或许还没有完成，你的身体和心智可能还需要某些工具，才能重获安全感。

在创业的道路上，压力源会停留很长时间。要发展一家公司，需要几年、几十年。因此，问题变成了怎样才能周复一周、月复一月、年复一年地完成压力循环[①]。想要知道这个问题的答案，请往下看吧。

3. 注意自己的感觉

我知道你在想什么：这本书是讲创业的，为什么要说感觉呢？在接下来的内容里，我说的就是感觉。你是人，不管你喜不喜欢，都有感觉！感觉会影响到你，影响到你认为自己能做什么，影响到你实际上会做什么。简而言之，

[①] 根据《情绪耗竭：停止过度付出、解开压力循环》，在面临危险之后，我们的身体知道，我们正处于安全状态的这个时刻，就是完成了整个压力循环。——译者注

第九章 防止倦怠

感觉会影响你的心态,所以,你需要加以关注。

感觉是对情境产生的不可避免的反应。这里要强调两点。首先,反应是不可避免的;其次,是取决于情境的[①]。反应和情境都是暂时的。要保护自己用于创造的躯体,就不要压抑自己的感觉,也不要忘了去应对。

恰恰相反,你要欢迎自己的感觉,解读里面可能包含的智慧,然后把注意力转移到创造的意图上。你可能会以为,只有消极的感觉需要关注,其实不是这样的。

在竞争极其激烈的初创企业文化中,要找一个地方、人或空间,来庆祝你创造出来的美好事物,同时又不要让人觉得你在自吹自擂。为此,你需要保持正念。

我们先来看看这样一种情况:你的需求得到了满足,你感到如释重负、喜悦、感恩,甚至乐不可支。你若能好好地庆祝一番,这些感觉就能持续更长时间,更深入你的内心。有谁可以真正给你留出空间,与你同欢共喜?有谁可以和你一起庆祝,而不会暗自神伤?问自己为什么遇不到这种好事?你可以在哪里记录这些胜利,以便日后有需要时翻看?

---

① Fredric Neuman, MD, "The Purpose of Feelings," *Psychology Today* (blog), December 19, 2012, https://www.psychologytoday.com/sg/blog/fighting-fear/201212/the-purpose-feelings.

还有些时候，你的需求没有得到满足，你感到困惑、尴尬、抑郁、暴躁、震惊或生气，这些情况又如何呢？花一点时间，为这个情况哀悼，感受自己的情绪，与自己未被满足的需求相联结。你有这种感觉，是很自然的。幸好，情绪完全是暂时的。

我们现在来计划一下。你可以制订计划，看有谁可以给你留出空间，和你一起庆祝或哀悼。或许有些人在这两方面都做得很好；或许有些人更善于和朋友一起哀悼，而不善于和朋友一起庆祝。

首先，为"庆祝"和"哀悼"这两个类别都分别想出几个名字。然后，了解一下对方什么时候有空，在什么地方见面比较方便。最后，决定要不要相互倾诉（你说15分钟，对方说15分钟）。

如果你还是犹豫不决，请看一下催产素相关研究吧。催产素是人在发生性行为、分娩和哺乳过程中释放的神经递质，有时被称为"亲密荷尔蒙"。催产素释放时，会让人感觉到幸福、放松、信任和心理稳定[1]。重点来了，即使在

---

[1] Markus MacGill, "What Is the Link between Love and Oxytocin?" *Medical News Today*, September 4, 2017, https://www.medicalnewstoday.com/articles/275795.php.

第九章 防止倦怠

完全不带性欲和浪漫意味的情况下,我们衣着整齐地与朋友分享自己的感觉,也会释放催产素①!

我们继续深挖一层,看看你的"痛苦之汤"底部都有些什么。

如果你的感觉和我在 2012 年时一样,你的"痛苦之汤"(包含过往的失落、怨恨和失望)已经文火慢炖了多年,开始溢出来了。你最好刻意地保持正念,加以应对。

你的"痛苦之汤"或许从童年起就在文火慢炖。因此,不少心理治疗师一开口就会问:"你能给我说说你母亲或父亲的事情吗?"(用弗洛伊德的口吻来问)。不幸的是,绝大多数人成年之际,痛苦的大锅都不是空荡荡的。根据作家萨拉·怀斯曼(Sara Wiseman)的描述,原生家庭带来的创伤可以分为 7 类②:

- 虐待。
- 成瘾。

---

① Judith E. Glaser, "Psychology of Deep Connection," *Psychology Today* (blog), September 29, 2015, https://www.psychologytoday.com/us/blog/conversational-intelligence/201509/psychology-deep-connection.

② Sara Wiseman, "Release Yourself from Family Karma," *DailyOM*, (2020): https://www.dailyom.com/cgi-bin/courses/courseoverview.cgi?cid=490.

- 暴力。
- 贫困。
- 疾病。
- 遗弃。
- 背叛。

在童年，我们都有资格得到保护和养育。要是缺少了安全和培育，被笼罩在上述一个或多个阴影之中，这会对我们产生深远的影响，影响我们一生。成年后，我们可能会重复在童年时期看到的模式，也可能走入另一个极端，又或者，我们可以努力让童年的创伤得到疗愈。有些创伤可能是你自己可以解决的；有些创伤可能需要心理治疗师或专业人士帮助，才能让你借助安全的方式，感受和克服这些强大的情绪。

这些阴影也可以带来一些希望。首先，你一旦决定感受自己的痛苦（面对痛苦、检视痛苦），痛苦就会开始消退。其次，你并不是孤身一人。每个人在孩提时代都经受过痛苦。痛苦是每个人的体验中必然会有的"岩浆"。

那么，有这么多痛苦，你要如何是好呢？

以下是你的检查清单。你的任务是：

第九章 防止倦怠

- 觉察到自己的痛苦。
- 确认自己在遭受痛苦时，采取了哪些应对机制。
- 接纳这个事实：你可以从痛苦中创造。

我们来逐一分析吧。

你的第一个任务是觉察到自己的痛苦。我特地在上文列出了7个阴影，是为了让你以此为出发点，清点自己的内部体验。例如，我确认了自己在移民方面的创伤，就会说，在这时候，我突然失去了"家"和重要的人际关系，马上陷入了贫困，也目睹了家人承受的、多了那么一点点的身体暴力（约在1992—1993年，纽约市布鲁克林区）。

1. 你要思考的问题：是什么／是谁让你遭受痛苦？是哪一类痛苦？

你的第二个任务是确认自己在遭受痛苦时，采取了哪些应对机制。应对机制是一个人在面对压力时做出的调整，以便更好地控制情况。由于应对机制往往是下意识的，许多人都觉察不到自己是怎样调整的。例如，我自省多年后，才意识到原来面对移民带来的痛苦，我采取的应对机制是取得外在成就。这个应对机制帮助我走出贫困，进入新的环境，让身体得到更多安全保障（在大学、大公司），忘却内心"无家可归"的痛苦。确认了自己的应对机制之后，我就发现，本来这种行为是具有适应性的，现在却妨碍了我。意识到这一点，我就可以开始得到疗愈。

2. 你要思考的问题：在生活中，你为了控制自己痛苦的结果，是怎样调整的？这些应对机制奏效吗？

第三个任务，也是你最重要的任务，是接纳这个事实：你可以在痛苦中创造。你不需要等到未来某个未知的时候，等你"完整了"或"愈合了"才去创造，因为那样完美的状态，你可能永远也等不到。就算你还是有些受伤，就算你的伤口还没有愈合，也可以一边觉察自己的痛苦，一边去创造，现在就去创造。例如，我把自己移民的艰难历程写成了回忆录（尚未出版）。此外，我在创办 Seeker Health 之前的几个月，父亲过世了，丧父之痛点燃了我的创业热情。我的父亲梦想在美国创业，可是身体状况不允许；而我的身体状况允许，可以为他和我自己圆梦。

3. 你要思考的问题：你现在是因为陷于痛苦之中，而没有去创造吗？你试过在痛苦中创造吗？你可以从现在的痛苦中创造出什么？

现在，你感受了自己的感觉，不要任由感觉摆布。感觉只是感觉。感觉会悄然到来，向你传递一些信息，然后又悄然离去，去了以后还会来。

你要设定清晰的意图：不管有什么感觉，你都要在这世上实现什么目标。例如，你想要推动初创企业发展，再获取 50 家客户。可是，你刚与第 10 家客户打完交道，心情沮丧。这时，你可以先去感受沮丧的感觉，然后确定有没有什么问题可以解决，有没有什么经验教训可以汲取。在这以后，你要把注意力带回自己设定的意图上。记住，你想要再获取 50 家客户。继续前进吧。

选好身边的人，与关系亲近而又相信你的人在一起。创始人的工作是很孤独的。或许很多时候，你一个人也可以很快乐，但人毕竟是群居动物。以下这些需求，你至少会有一些：

- 陪伴。

- 合作伙伴关系。
- 友谊。
- 安慰。
- 关系亲近。
- 亲密关系。
- 被看到。
- 被听到。
- 被知晓。
- 刺激。
- 触摸。
- 性。
- 爱。

有上述一些或全部需求，不代表你贪得无厌，只代表你和世上每个人一样罢了。要满足这些需求，通常要通过其他人。你创办了初创企业，与公司之间的关系会耗费你很多心力，已经没有余力去处理"拖后腿"的关系了。所以，请保持正念，选好"关系亲近的人"。

研究证实，要是关系亲近的人相信你，相信你可以实现自己的目标，你的动机就会增强，实际表现也会有所

第九章　防止倦怠

提升。在威斯康星大学麦迪逊分校（University of Wisconsin-Madison），詹姆斯·沙阿（James Shah）带领研究人员设计了5项独立研究，评估了关系亲近的人对任务表现的影响[①]。研究一致发现，如果参与者感觉与身边的人（父母、兄弟姐妹、配偶等）关系亲近，而身边的人又支持参与者从事某项任务（考试拿高分），那么，研究人员要是在参与者从事这项任务之前，让参与者想起关系亲近的人扮演的角色，参与者就会表现得更好。反之，研究人员要是在参与者从事这项任务之前，让参与者看一下关系不"亲近"或不支持这项任务的人的照片，参与者的表现则不会改进。简而言之，假设你要参加经企管理研究生入学考试（GMAT），你与母亲关系亲近，母亲相信你应该去攻读工商管理硕士（MBA）。那么，根据这项研究结果，你在考试之前，应该先看一下母亲的照片，这会为你的考试成绩带来可测量的显著提升。

我把这项研究看了几遍，才发现原来在创办 Seeker Health 的过程中，我一直用这种方法做准备，以便取得更

---

① E. Benson, "People More Likely to Pursue Goals After Unconscious Reminders of Friends, Relatives," *Journal of Personality and Social Psychology*, Vol. 84, No. 4, (April 2003): 661–681.

好的表现。首先，我回想起过世的父亲。或许关系亲近的人不在世，也可以对你产生深远影响，增强你的内在动力。然后，我提醒自己，身边有关系亲近的人（菲尔、母亲、我两个弟弟、我的孩子），我和他们住在同一屋檐下，交流互动，他们都支持我去创业。

在从无到有的创业阶段，你身边都有哪些人是至关重要的？你可以根据以下提示，评估关系亲近的人：

- 他们相信你吗？
- 他们会为你着想吗？
- 他们支持你设定的具体目标吗？
- 他们鼓励你继续前进吗？
- 你们双方都觉得这是一种互惠的关系吗？

是时候看看身边的人，决定让谁留下，让谁离开，又需要与谁树立更明确的边界感了。

三、静修

想放弃的时候，去静修吧。你需要休息和恢复，要到

第九章 防止倦怠

能满足你这个需求的地方静修。静修不同于传统意义上的度假,目的不是换个环境,不是逃离日常事务。静修是要与自己相会,与此时此刻的自己相会。

在完成压力反应方面,静修可以提供一些重要帮助,为你提供心理、身体和心灵上的空间:

- 多睡。
- 自省。
- 与同路人建立联结。
- 结交新朋友。
- 感受自己的感觉。
- 哭泣和哀悼。
- 庆祝,感受喜悦。
- 写日记。
- 做创造性的项目。
- 置身于大自然中。
- 请人为你做饭。
- 重新设定意图。
- 告诉自己想要继续前进。

总的来说，你只有一个身体，只能用这个身体去创业。你的身体是一个复杂的有机体，值得你慎重对待。观察你的感觉；选好身边的人，与关系亲近的人在一起；有需要就去静修。这样，你在创业阶段，才能保持强大的身心，取得丰硕的成果。

四、引导式冥想：具身放松①

在这个冥想中，我会引导你在身体、心理和情绪上实现深层次的放松。首先，请找个安静的地方，坐下来或躺下来。闭上眼睛，深吸一口气，想象你头顶上方有一道温暖的光。这是深度放松之光。它碰到你的头顶，你感觉到那个区域开始放松。有了这道温暖的放松之光，那个区域紧绷的感觉全部化开了。

现在，这道光来到你的额头和眼睛上。这些部位感觉沉沉的，完全放松了。

这道光来到你的鼻子、脸颊和嘴巴上。你的下巴放松了，你的整张脸都非常、非常放松。

---

① 认知对身体的依赖性。这里的"具身放松"是指通过放松身体来达到心理和情绪的放松。——译者注

请再深吸一口气，邀请这道光沿着你的脖子往下，去往你的肩膀、后背和手臂。现在，这些区域完全放松了。

这道光沿着你的胸部往下，去往你的内脏和骨盆。现在，你整个躯干都没有了压力，完全放松了。

现在，这道光沿着你的双腿往下，到了你的双脚。余下的压力都离开了你的身体，从双脚离开了。

在这种完全放松的深度状态下，请花一点时间，向这个神圣的躯体致敬。是它装载着你的大脑和心脏；是它让你来到此时此刻，能够为这个世界创造重要的成果。请向你的身体表达感恩之情。

睁开眼睛，扭动一下手指和脚趾。再次向你的身体许下承诺：关照你的身体，保护你的身体，尊重你的身体。

五、本章要点

- 你要是糟蹋自己的身体，身体就会糟蹋你。
- 尊重自己的基本需求，包括阳光、营养、睡眠、水分。尊重身体的自然周期和节律。
- 找到可以无条件接纳你，和你一起庆祝、一起走出绝望的人。这人可以是你的好友、配偶或心理治疗师。

- 倾听自己的情绪，觉察自己的痛苦。接纳这样一个事实：你并不是孤身一人，其他人也会感觉到痛苦；你可以在痛苦中创造。
- 人与人之间的联结可以帮助你避免产生倦怠。请务必与关系亲近而又相信你的人培养积极的关系。
- 想放弃的时候，去静修吧。静修会为你提供心理、身体和心灵上的空间，让你整个人焕然一新，继续前进。

第三部分

退出

第十章
大胆地提出很棒的条件

> 一切就像沙堡,都是暂时的。把它建起来,好好照料,好好享受。时间到了,就让它离去。
>
> ——杰克·康菲尔德(Jack Kornfield)

> 如果在拿到金牌之前,你觉得自己不够好,那么就算拿到了金牌,你还是会觉得自己不够好。
>
> ——电影《冰上轻驰》(*Cool Runnings*)

一、创业小故事

我从来没有刻意启动过退出 Seeker Health 的程序。只是在我埋头发展业务的过程中,多种多样的机会来到了面前,大声呼唤。我也不得不抬起头来,加以留意。

首先,我收到了一家医疗保健通信公司的总裁发来的电邮。我把这家公司称为"公司1"。10 年前,这位总裁是我的同事。自从 Seeker Health 成立之日起,他就一直追踪公司在临床试验患者招募方面的进展。他表示,自己的公司也有兴趣往这个方向发展。

发件人:"公司1"总裁。

收件人:桑德拉·施皮尔贝格。

我们能不能安排时间,请您向我的私募股权合作伙伴介绍贵公司呢？在 11 月中旬找一天，在我们办公室会晤 90 分钟，您看可以吗？

我回复了"可以"，之后我们安排了会议，并同意为此保密。这次会议可能有点难办。我担心"公司 1"可能会利用这次会议，了解我们在做些什么，抄袭我们的做法，抢走我们的生意，让我们做不下去。不过，我还是相信前同事为人正派，是认真想要收购 Seeker Health 的。他召集一班人出席了会议。在会议上，我介绍了 Seeker Health 招募患者的方法，以及我们的财务报表概要。

几天后，"公司 1"的私募股权合作伙伴发来了一份清单，上面列有他们想要审查的初步信息，以便进一步评估收购 Seeker Health 的机会。这份清单进一步深入挖掘更多信息：我们的客户是谁，每份合同的财务状况是怎样的，等等。我要管理公司，本来已经百事缠身，比做一份全职工作更忙，不过还是尽快回复，提供对方索取的信息。

11 月和 12 月，"公司 1"安排了多场会议。会上，我与他们的业务领导人会晤；计划一起向客户做项目展示，试试看效果如何；还要和他们的首席技术官讨论我们的技术栈。这些会议占用了我不少时间，我管理公司的时间变

第十章 大胆地提出很棒的条件

少了。于是,我又招聘了销售管理负责人,也越来越多地依赖我组建的团队去处理客户相关工作。

"公司1"是一家私募股权机构部分持股的,所以对Seeker Health的财务表现十分看重。那年一结束,我就发出了以下这封电邮:

发件人:桑德拉·施皮尔贝格。

收件人:"公司1"和私募股权机构。

新年快乐!我们今天更新了随附文件,供贵方审查:

(1)损益表。

(2)最终付款(按客户划分)。

(3)明年预测损益表和营收(按客户划分,包括已签约客户和新客户)。

我飞到美国东部,与"公司1"的人一起向潜在客户做项目展示。虽然这只是早期的项目展示,我也没抱很大希望,但还是出现了一些不妙的苗头,让我感到担忧。会议缺乏重点,我们好像只是随意地抛出许多想法,希望有一些可以打动客户。但毕竟这只是我们第一次一起做推介,我觉得还需要磨合。

我想进一步了解并购流程，于是主动联系了蕾切尔（Rachel）。她是我弟弟的朋友，最近出售了一家科技公司。我了解到：

- 首先，买家会出具意向书。这是一份无约束力的文件，概述这项交易的一般条款。
- 然后，我会组建一支团队，至少包括一位律师和一位会计师，审查这份意向书及其含义。
- 签署最终意向书后，就开始尽职调查了。这个过程可能各有不同，但买家应该至少会在以下领域展开尽职调查工作：

    ①财务报表；

    ②技术；

    ③客户合同；

    ④人力资源实践；

    ⑤供应商合同；

    ⑥法律事务。

- 尽职调查快要结束时，买家的法务团队会草拟一份收购协议和其他必要的协议（如创始人雇佣协议）给我的法务团队审查，双方就此谈判。

第十章 大胆地提出很棒的条件

- 双方协定并签署法律协议后,买家会在交割日期汇款。

最后,蕾切尔告诫我:"记住了,交易不到最后一刻,都不算完成,买家随时可能叫停。你看到所有文件都签好了,钱到账了,交易才算完成。"听了蕾切尔的话,我对接下来要做些什么心中有数了。下一站:意向书。

接下来,"公司 1"想参观 Seeker Health 的办公室,与我们的主要团队成员会面,深入了解我们的业务。

这就给了我两个难题。首先,意向书还没影儿呢。我要不要告诉出席这次会议的员工,"公司 1"可能有意收购 Seeker Health,而收购事项必须保密呢?其次,我们在共享办公空间办公,地方狭小,感觉有些丢人。我们可以在共享会议室开会,椅子是橙色的,我们可以大声宣告说:"这里是'乐观的初创企业'!"到最后,他们会来到我丁点儿大的办公室,看到我是在这么小的地方经营一家估值几百万美元的公司。

第一个问题,我决定坦白告诉相关员工,请他们绝对保密。第二个问题,我觉得现有的办公地点简陋,正好说明了公司运营精简高效,不但不丢人,反而值得骄傲。

几天后,"公司1"一行十多人,大驾光临我们的共享办公空间,进一步了解 Seeker Health。

我和一些员工总体上做了介绍,包括我们在解决什么问题,怎样解决这个问题,最重要的客户有哪几家,怎样收费,还有技术栈、财务表现和增长计划。会后,我们在帕洛阿尔托的若亚(Joya)餐厅共进晚餐,一起喝了几杯。

白天攒下一堆工作,晚上回家还要做。我回到家,家人兴致勃勃地问我:"会开得怎么样了?"

"还挺顺利的。"我说道,"下一站:意向书。"

第二天,有与会者给我发了封邮件:

发件人:"公司1"部门领导人。

收件人:桑德拉·施皮尔贝格。

桑德拉,再次恭喜您,在两年里取得了这样的成绩。很高兴又看到一位才华横溢的女性打造出一家优秀的企业,而且还是一位顾家的母亲!昨天的交流非常愉快。期待未来几个月里有更多合作。在这个过程中,如果您有什么问题想要沟通,欢迎随时和我联系。您昨天给私募股权机构的人留下了很好的印象!

第十章 大胆地提出很棒的条件

这封电邮是一份很棒的礼物。看到对方称赞我"打造出一家优秀的企业"时，让我尤为欣慰。我一直在向前奔跑，这下有机会停下来，欣赏自己取得的成绩，实属难能可贵。

欣赏归欣赏，问题又来了。是的，"下一站：意向书"，可是，Seeker Health 值多少钱呢？科技公司融资时，估值通常是飘的。而 Seeker Health 有营收、有现金流量、有利润，可以以此计算出更准确的估值。

我委聘了一位估值会计师，计算 Seeker Health 的准确估值。我把所有财务信息和预测都给了他，就让他自己计算去了。

接下来，我收到了这封电邮：

发件人：持有"公司1"股权的私募股权机构。
收件人：桑德拉·施皮尔贝格。

感谢您和我们会晤，桑德拉，会议很愉快。我们对贵公司的业务，对我们有望共同实现的成果，都充满了期待。

接下来，我们会与您联系，朝着签署意向书的方向推进。我们会给出大致的里程碑事件日程表，里面会列出需要做完哪些事项，才能在未来两三个月内完成交易（假设进一步的尽职调查结果令人满意）。感谢您考虑与我们合作，共同推动 Seeker Health 的未来增长。

于是，我就像苏斯博士（Dr. Seuss）的《你要去的地方》(Oh, the Places You'll Go)这本书里，那些长着一张长脸的角色一样，苦苦等待。我"怕是在去往世上最无用的地方，那个'等待的地方'……"

等待火车出发，

等待公车到来，等待飞机出发，

等待邮件送来，等待雨停下，

等待电话打来，等待雪飘下，

等待"是"或"否"的回答，

等待头发长长。

一切都是暂时的，包括等待的时间。某个星期天傍晚，我终于收到了等待已久的邮件："公司1"回复了。

发件人：持有"公司1"股权的私募股权机构。

收件人：桑德拉·施皮尔贝格。

第十章 大胆地提出很棒的条件

抱歉,我们稍有延误,让您久等了。谨此奉上意向书草稿。我想特意说明一处改动:我们计划在 4 月 30 日完成交易交割,确保有充分的时间做完意向书里概述的尽职调查工作。我们对两家公司合并的前景感到无比振奋,也计划在交易交割之前携手合作,推动新业务,确保实现共赢。

我快速看了一下意向书,微笑起来,把这件事告诉丈夫。我赶紧发了封邮件给会计师,索取估值,然后这样回复"公司 1":

发件人:桑德拉·施皮尔贝格。
收件人:持有"公司 1"股权的私募股权机构。

太好了。感谢您发来意向书,我也对"公司 1"与 Seeker Health 合并的前景感到无比振奋。我会和律师一起审查意向书,并尽快回复您。

在最后一刻,估值会计师给出了建议。"公司 1"在意向书里对 Seeker Health 的估值确实在建议范围内,可是绝对是偏低的。

一如所料，意向书要求在以下领域展开确认性尽职调查：业务运营、会计、法务、客户、信息系统、保险和福利，以及管理层背景调查。

最后，我要是如期签署了意向书，就会进入排他阶段，在此阶段不得招揽、鼓励、接纳或完成向其他方出售 Seeker Health 的交易。

我开始与"公司1"的总裁谈判，争取对自己有利的条件。然而，我心里忍不住想，还会有比这好得多的交易。由于"公司1"似乎愿意在谈判中让步，我开始组建交易团队。我接受了朋友的推荐，委聘了一位对类似规模的并购交易经验丰富的律师。律师向我解释了弥偿条款的影响，相关条款是为了在收购交易出问题时保护买家，买家可能会以各种方法把钱要回去。听了这话，我吓呆了。

我按捺住恐惧的心情，继续推进。我天生爱焦虑，但没空去找会照顾我情绪的新律师了。律师审查了意向书。我们向"公司1"提了一些修改意见，来回沟通了几次。没过多久，双方签署了意向书。

大约在这个时候，我弟弟雅维耶（Javier）和我联系，告诉我说，他与一个创业孵化器有联系，问我需不需要介绍。我怀着找乐子的心情，看了这个创业孵化器的要求：

第十章 大胆地提出很棒的条件

他们想要的初创企业不能无人问津,也不能炙手可热。他们列出的营收和利润范围,Seeker Health 早已突破上限了。这家初创企业就像学会了走路的宝宝,迈着结实的小腿走来走去——也被"公司 1"看中了。

尽职调查开始,我的工作量呈指数式增长。除了经营公司、获取新客户、为新员工提供入职培训之外,我还多了几份兼职工作:填充尽职调查数据室;与会计师、律师和其他人通电话,解释 Seeker Health 的内部运作。

在这段时间,行业刊物《医疗营销与媒体》(*Medical Marketing & Media*)把我评选为"医疗保健变革者 40 强"(Top 40 Healthcare Transformer)。我飞到纽约领奖,暂住在母亲的公寓里。我翻看她收藏的家庭老照片,看到我们小时候的样子,想起在并购的世界之外,我还有自己的生活。只是这段时间,并购的世界把我整个人吞没了。

为了让我的神智保持一点点清醒,菲尔付出了极大的努力。我每天晚上只睡几个小时,凌晨 4 点醒来,拖着脚走到客厅,查看在我睡觉的几个小时里,有什么电邮发来。

某天凌晨,菲尔双手各拿着一个白色小瓶子,来到客厅。

"褪黑素还是泰诺 PM(Tylenol PM)?"他问。

我露出尴尬的表情，觉得自己还不能睡。

"我了解你。"菲尔继续说道，"你再不睡，就要疯了。"

我就像被迫吃西兰花的小孩，心不甘情不愿地吞下褪黑素，拖着脚回到床上。

第二天早上，果然有一堆电邮等着我，主要是安排会计师到公司来。为了做好准备，他们给了我一份清单，让我把更多材料放入数据室。

我开始担心自己没有投入足够的时间开发新业务，新客户增长有一点点缓慢。我告诉自己说，先搞定会计工作吧。一弄完，我就会重新投入开发业务中。

下一周，两位会计师来到 Seeker Health。我们在会议室橙色的椅子坐下，接下来漫长的一整天里，埋头与借项和贷项奋战。或许是由于我在大学里学过会计，或许是由于我考过注册会计师（CPA），又或许是我爱用会计工具衡量业务，总之，我们一见如故，相处融洽。

两位会计师轮流开口，礼貌地提出请求："我们好像没看到与客户 S 签的合同。您有吗？"接着是："麻烦您把与软件开发商签的合同副本给我们一下，好吗？"接着又是："2 月份临床试验大会的账单呢？"

我在机场花了 4.95 美元，却找不到这 4.95 美元的收据,也忘了是什么费用。他们俩都说:"这就算了。"让我吃了一惊。不过,凡是超出这个金额的,都要审查、对账,借项要盘问,贷项要剖析。这天结束时,他们满意地离开,但没有给我明确的答复。他们离开前说的是:"如果有其他需要,我们会联系您的。"

我马上把精力重新投入开发业务中。公司聘用了业务开发负责人,但很多工作还是落在我的肩上。我们可不能落后于人。

接下来,发生了一件我意想不到的事。

发件人:"公司2"的代表。

收件人:桑德拉·施皮尔贝格。

桑德拉,您好。

我们是一家多元化医疗保健通信公司的代表。我们的客户是美国同类较大的私营企业之一,有意收购贵公司。我们谨此与您联系,想知道您是否愿意做收购相关的讨论。

我们的客户有几个要点:

- 他们是使命驱动型组织,营收超过1亿美元,利润率高。

- 其中一个专攻的主要领域是肿瘤。
- 设有媒体部门和市场营销部门。
- 首席执行官持有大部分股权,是并购交易的决策者;高级管理层人员对贵公司的理念产生了共鸣。

您是否愿意和我通电话,好让我说出我们是哪家公司,更详细地介绍我们呢?

第二家公司有意收购 Seeker Health!太棒了,可是,我已经与"公司1"签署了排他性协议。

发件人:桑德拉·施皮尔贝格。

收件人:"公司2"的代表。

感谢您对 Seeker Health 感兴趣。抱歉我在现阶段无法做这类讨论。如果情况发生变化,我会与您联系。

下一周,我再与"公司1"的人一起,向潜在客户做项目展示。和第一次的情况一样,结束以后,我觉得整场展示还是缺乏重点,成效欠佳。我们这次一起向新客户做项目展示,并没有比上次更好。就连准备过程也一片混乱。

我心里有一部分在想,我不应该在鸡蛋里挑骨头。"公司 1"会出钱收购 Seeker Health,我只要熬过共同经营的几年就可以了。我心里时而在尖叫,说这是不可忍受的。

几天后的一件事,更是让我大吃一惊。有人主动给我打电话,特意告诉我说:"'公司 1'一团糟。"这个人熟悉"公司 1"和 Seeker Health 的情况,也和我相识已久。我知道他为人真诚,值得信任,所以很重视他的意见,绝对不可能完全置之不理。

大约在这个时候,我开始做反向尽职调查,请"公司 1"提供经审核财务报表、营收(按客户划分)、组织结构图和明年预测。

工作忙碌,但我还是决定抽出一天,参加在旧金山举办的数字医疗 CEO 峰会(Digital Health CEO Summit)。我去年也参加过这个峰会,觉得还是很有用的。这一次,我旁听了以"倦怠"为题的小组讨论。小组成员讨论了怎样避免倦怠,例如把星期六定为"无数码日",使用虚拟助手,抽空锻炼身体。

我最感兴趣的话题是聘请高管教练,一半是为了推动自己取得进步,一半是做企业的"治疗师"。请过高管教练的创始人只是少数,但请过的都说好。核心价值在于有一个头脑聪慧、经验丰富的过来人，帮助创始人理清想法和思路。

此时此刻，Seeker Health 需要理清思路。在峰会上，其他创始人给我推荐了两位教练。可是，冥冥中自有安排。教练查尔斯·罗斯（Charles Rose）在领英上主动联系了我。几年前，查尔斯出售了一家类似规模的软件公司。于是，我请查尔斯做教练，我们一起讨论。

我们第一个主要任务，是理清以下问题：

- 我想现在出售 Seeker Health 吗？
- 如果答案是肯定的，我想要怎样的交易条款？

下一周，"公司1"毫无动静。没有电邮，没有电话，没有短信。什么都没有。这是第一次出现不对劲的迹象。但我还是要继续推动业务发展。于是，我进入"单一深度专注"状态，专心发展业务。

一周后，"公司1"终于打破了沉默，约我尽快通话。好吧——直觉已经告诉我是什么事了，但我会马上放下手头的任务，听对方亲口说出来。

在通话中，"公司1"表示，Seeker Health 的销售放缓，我们一起做项目展示的成效欠佳。他们为此感到担忧，建

第十章 大胆地提出很棒的条件

议暂时搁置交易。

对此，我表示，Seeker Health 仍有不少潜在项目，至于一起做项目展示的成效欠佳，我同意对方的看法。我告诉对方，有其他公司有意收购 Seeker Health，但由于签署了排他性协议，我未能与其他公司讨论相关机会。我不想暂时搁置交易，而是希望终止排他性协议，好让我与"公司2"联系。

听到有其他公司感兴趣，他们好像吃了一惊。但第二天，我收到了终止排他性协议的函件。于是，我可以联系"公司2"了。

同一天，我写了这封电邮：

发件人：桑德拉·施皮尔贝格。
收件人："公司2"的代表。

收信安好。非常感谢您对 Seeker Health 感兴趣。现在，我这边时机合适，可以进一步探讨这个机会了。如果您想约时间通话，我在以下时间有空。

等我停下来喘口气，我对与"公司1"打交道的这段经历心怀感恩。我从未做过并购交易，所以，这个过程就像彩排，难能可贵。

这时，我和查尔斯开始认真讨论，想要弄清楚究竟出售 Seeker Health 的时机是否合适。在这过程中，查尔斯给了我两个表格，要求我在不同的日子里填好。

在表 10.1 中，我要从情绪、精神、身体和财务的角度分析，假如今年出售 Seeker Health，成本和收益是怎样的。在表 10.2 中，我要分析假如今年不出售 Seeker Health，继续推动公司业务发展，成本和收益会是怎样的。

表 10.1 假如我今年出售 Seeker Health……

领域	成本	收益/好处
情绪	我会少了些自由 我会少了些自主权	我会多一些满足感：我创造了有价值的成果 我会得到内在认可 我会得到外在认可 我会增强信心
精神	我可能会后悔卖早了	这是"好"的结局，一切都结束了
身体	在整合期，我要以员工的身份出差，大概会有更多时间在路上	我为后勤部门承受的压力会减轻，可以更专心做好前台工作（产品/客户）
财务	我会放弃未来的财务增长	我可以把迄今为止创造的价值变现 我可以实现为家人设定的财务安全目标

表 10.2　假如我今年不出售 Seeker Health……

领域	成本	收益/好处
情绪	我不能把迄今为止创造的价值变现	我猜我会继续抚养这个孩子
精神	我会继续耐心工作,把公司发展壮大。耐心是我在精神上要成长的领域	我会继续享有自主权
身体	身为公司的唯一所有人,我要继续承受压力	我会继续享有独立
财务	我在短期内的财务安全得不到保障	最终的财务收益可能更大(也可能更小,也可能完全没有,不确定)

接下来,我们一起研究今年出售 Seeker Health 的成本,看能不能减少或消除这些成本。例如,要是缩短整合期,我可能就不需要牺牲那么多自由和自主权。

我亲自去参观"公司 2"。有了之前的经验,这回轻松多了。"公司 2"派公司所有人、总经理和投资银行家出席了会议。会议气氛良好,但我觉得不是十分合适。"公司 2"是面向医生做医疗保健通信的,而不是面向患者。收购 Seeker Health,是"公司 2"初次涉足这个受到严格监管的领域。我明白,没有百分之百匹配的交易,和先前一样,还是先拿到列有具体交易条款的意向书再说。

大约一个月后,"公司2"出具了意向书。好消息是,估值比"公司1"高。坏消息是其余条款缺乏吸引力,而我是故意没把话说明白的。

我每周与查尔斯通两次电话,评估情况。在短短几个月内,就有两家公司有意收购Seeker Health,而且第二家公司的估值更高,可喜可贺,我们一起为这个成绩庆祝了一下。接下来是哀悼环节:"公司2"的提案实在太不可接受了。

我在共享谷歌文档里写道:"我想要很棒的条件。"

查尔斯让我补充这一句:"我值得。"

我感谢"公司2"提出收购要约,告诉他们说,我需要时间考虑,几周后再回复。在这关口,我想争取时间。我不确定接下来会发生什么事,但先争取一点时间再说。

我打电话给弟弟乔尔,倾诉失望的心情。"既然有两家公司有意收购Seeker Health,一定还会有第三家……说不定还会有第四家、第十家。"他说道,接着又说了一句像我父亲会说的话,"你打造的是一颗明珠。"听了这话,我忍不住哭了。

与此同时,我继续与查尔斯合作,看要在哪些领域推动Seeker Health发展。要开发业务,需要时刻关注。为了腾出更多时间做销售,我把一些忙不过来的工作外包,如开发票、收款、交易对账等。

接下来的一周,我们要弄清楚怎样才算好的交易。查尔斯问我:"什么样的条件,才算是很棒的?"让我想清楚理想的交易是怎样的。

我列出了一份"很棒的条件"清单,概述收购 Seeker Health 的要约必须包含的条件:

- 估值达到 X 或以上。
- 出售公司 100% 股权。
- 如果是与私营企业交易,在交割日期,现金付款 Y% 以上。
- 未来付款 Z% 以下,付款条件是我在一定程度上可控的,例如营收。
- 最长两年的雇佣协议用于收购后整合。
- Seeker Health 留在目前的办公地点 10 英里以内。
- 所有现任员工并入新实体。
- 收购方欣赏我们的技术及其可扩展性。
- Seeker Health 不用再承担共享职能部门的工作(人力资源、会计、信息技术服务、法务、合规、保险），收购方会接手这些方面。

乔尔说得对。"公司3"的代表在领英上联系了我，询问收购Seeker Health的事宜。他也是从管理层那里知道我们公司的。

我们安排了一次通话，概述了Seeker Health的情况。在通话最后，"公司3"问我对收购要约有什么要求。我刚与查尔斯一起理清了这个问题，便解释了"很棒的条件"清单上的前五个条件。

对方没有发出奇怪的声音，没有表示震惊或困惑，这也证明了我就应该提出自己想要的条件。通话最后，我们约好召开面对面会议，在双方的办公室里各开一次。

这些面对面会议感觉与前两家公司都不一样。"公司3"从一开始就理解Seeker Health。这也不奇怪："公司3"在患者通信领域做了很久，理解患者对我们产品的需求，也重视我们的软件扩大业务规模的能力。

这些会议感觉很对。几天后，"公司3"出具了意向书。里面很多条款都符合我列出的"很棒的条件"清单上的要求。

下一周，我还是如常发展业务，在费城一个行业大会

第十章 大胆地提出很棒的条件

上发表讲话，吸引客户的兴趣，物色潜在客户。讲话结束后，"公司4"的代表主动和我打招呼。我们在建立人脉的大厅里，找了张桌子坐下来。他问了我几个问题，我也问了他几个问题。然后我说道："我手上已经有一份意向书了。如果贵公司感兴趣，你们行动能有多快？"他答应把我介绍给"公司4"的首席执行官。几天后，他确实发来了电邮，介绍我们认识。可是，我回复电邮，约时间讨论之后，对方迟迟没有回复。

我保持正念，停顿一下：这三四家公司想收购Seeker Health，看中的究竟是什么？

在这过程中，这些公司分享了自己的标准，包括：

- 具有市场牵引力的业务。
- 有许多客户，单一客户的集中度不高。
- 月度经常性营收按年增长一倍、两倍或以上。
- 年度利润按年增长一倍、两倍或以上。
- 技术具有可扩展性。
- 领导层和团队能让公司规模更上一层楼。
- 产品/服务与他们目前的产品/服务相契合，适合交叉销售。

好了,回到意向书。与"公司3"之间的意向书的法律红线完成了,"公司4"不见踪影。要么签署意向书,要么拖延时间。

我扪心自问:当"足够好"来到我的面前时,我能不能把它认出来呢?我知道这份收购要约是足够好的,因为我和查尔斯一起列出了理想的收购要约需要具备的条件,而"公司3"的收购要约满足所有要求。我也可以等一下,看"公司4"可能会提出什么条件,但他们动作太慢了。

我做出了决定,签署了"公司3"的意向书。他们收购要约足够好了;也许,不管有没有预期的交易和收益,对我来说也足够好了。

尽职调查开始了,但这一次,感觉轻松得多。"公司3"想知道的信息和"公司1"问我要过的差不多。

在尽职调查过程中,我始终努力开发新业务,与不少新客户建立了合作关系。"公司1"说我们销售放缓,是说错了:在5月至8月,Seeker Health 与8家新客户签署了合同。

几周后,"公司4"首席执行官的助理给我发了封电邮,想要安排会议。我回复说,由于我与其他公司签署了排他性协议,这时不能会面。我点击"发送"后几分钟,在大

第十章 大胆地提出很棒的条件

会上主动找上我的"公司 4"代表打来了电话。

他质问:"你以为我们的首席执行官成天没事干,就等着联系帕洛阿尔托一家丁点儿大的、没有人听说过的初创企业吗?"就因为我没有等他们,他恼羞成怒了。

"我们第一次见面,我就跟你说过,我手上有一份意向书。我决定签那份了。"我回答说。面对这样的无理指责,尽可能体面地结束了通话。这次通话反倒让我安了心,证明我不等他们的收购要约是正确的决定。

几周后,"公司 3"和 Seeker Health 完成了尽职调查和反向尽职调查清单,交割日期快速逼近。"公司 3"的法务团队拟定了收购协议和雇佣协议,发送给我的律师。而我的律师正好要到夏威夷度假,假期是很久之前就计划好的。

我告诉他:"乔治(George),我很支持你度假,也希望你玩得开心。可是你在夏威夷也别忘了把红线弄好。"

"没问题。"他回答说。

感觉这一切还是有点不真实。到了这个阶段,查尔斯给我的指导主要是帮助我保持安定、神志清醒。我提出了很棒的条件,对方接受了,现在就要完成交易。同时,我还要取悦客户,获取新客户,计划产品更新,管理团队。

菲尔也兴奋起来了。我们俩的睡觉时间全乱了。在那些不眠之夜，蕾切尔的话在我的脑海里回荡："所有文件都签好了，钱到账了，交易才算完成。"

辛辛苦苦做到现在，到头来可能还是一场空。

也可能比"足够好"更好。

美国劳动节[①]之后的那一周，我们还是就烦人的合同条款来来回回地沟通。讨论的问题包括净营运资本，也就是说，买家预计在不额外注资的情况下，企业账上预计会余下多少现金，用以继续运营。

最后，我们就所有红线达成协议，合同准备好了，可以签署。我和往常一样开车到办公室，只是菲尔坐在我身边，见证这个过程。

我把许多张合同签署页打印出来，用蓝色钢笔签名，扫描发回去。文件部分完成了。

"公司3"团队的人打电话过来，最后一次核实汇款信息。我飘飘然的，差点连8和0也分不清，好不容易准确念出了所有数字。

"好的。"电话那头的财务人员说道，"我准备汇款了。您收到以后，麻烦给我打个电话。"

---

① 美国劳动节是9月的第一个星期一。——译者注

第十章　大胆地提出很棒的条件

刷新，刷新，刷新。

再刷新十几遍。

打电话给我的财务顾问。

再刷新。

菲尔打电话给财务顾问。

再刷新。

钱到账了。一个个数字告诉我们，我们终于来到了终点线。

一直以来，我怕自己不够好，怕自己拥有的不够多，怕自己做得不够好，为此苦苦挣扎。终于，我来到了比"足够好"更好的终点线。这不仅是为了我自己，还是为了我的家人，为了 Seeker Health 的员工，为了我们的客户，为了我们致力服务的患者。我一定会把这种富足心态传递给 Seeker Health 接触到的所有人。当"足够好"来到我的面前时，我学会了把它认出来。其实，我是不是一直以来都是足够好的，只是自己看不到呢？

当时，我像初学者一样，不知道与"公司3"的整合期会是怎样的。但我知道，我可以相信自己的心态，相信自己抱着这种心态，可以从这条令人振奋的终点线出发，去往全新的起点。

二、给创业者的忠告：提出自己想要的条件

也许你不知道，明天会不会有一家实体出现，想要收购你的初创企业。你能做的只是未雨绸缪，做好准备。以下是几条建议：

- 给自己被人发现的机会。你要有针对性地让自己的初创企业保持能见度。重点是"有针对性"。这是与大众媒体相反的。你可以专注于行业刊物或大会，借此发现客户、供应商、竞争对手和邻近公司。如果你想被人收购，收购方也可能到这些地方。例如，如果你创办了一家为线上试衣间提供技术的公司，那么，比起 TechCrunch 颠覆大会（TechCrunch Disrupt），你更有可能在时尚/零售行业大会上找到收购方和客户，梅西百货（Macy's）、诺德斯特龙百货公司（Nordstrom）和布鲁明戴尔百货店（Bloomingdale's）都可能出席这些活动。
- 维持干净的记录。等到有人想要收购你的公司，才来收拾 5 年乱七八糟的财务记录，整理对方索要的所有信息，就为时已晚了。无论你的初创企业有多

第十章 大胆地提出很棒的条件

小,都要委聘一家专业会计师事务所,每月结账,编制准确的财务报表。自始至终,都要整理和保管好公司成立和股权相关文件。凡是公司签署的合同,都要保存好副本。

- 努力实现盈利。请记住,除了从风险投资人处获取融资这个另类现实之外,企业开展业务的目的是获取利润。收购方更喜欢收购会带来增值的公司,也就是说,初创企业的收益会增加收购方的收益。当然,收购方也可能纯粹是为了获取初创企业的技术、员工、用户或营收而收购,连亏损也不介意。然而,要是初创企业能够年复一年地创造利润,收购方收购的风险会降低。

最后,我想在这里送上一份礼物。以下是尽职调查清单样本,让你为这个阶段做好准备:①

---

① 改编自 Bob House, "Due Diligence Checklist—What to Verify Before Buying a Business," BizBuySell (website), https://www.bizbuysell.com/learning-center/article/due-diligence-checklist-what-to-verify-before-buying-a-business。

- **财务状况**
  - ◊ 过去 5 年的损益表、现金流量表、资产负债表、总分类账簿、应付账款和应收账款。
  - ◊ 信用报告。
  - ◊ 至少过去 3 年的报税表。
  - ◊ 每项产品的毛利润和回报率。
  - ◊ 所有产品库存、设备和不动产,包括总价值。

- **公司成立**
  - ◊ 公司章程和修订。
  - ◊ 公司章程细则和修订。
  - ◊ 现有投资者和股东概要。
  - ◊ 所有公司名和商标品牌名。
  - ◊ 公司获授权开展业务的所有州。

- **技术**
  - ◊ 客户演示。
  - ◊ 技术演示。
  - ◊ 专利申请。
  - ◊ 用户手册。

第十章 大胆地提出很棒的条件

- 业务运营
  ◇ 所有产品和服务,包括生产成本和利润率。
  ◇ 市场营销计划、客户分析、竞争对手、行业趋势。
  ◇ 公司的品牌识别,包括标志、网站和域名。
  ◇ 所有客户数据库、订阅用户清单和销售记录。
  ◇ 所有广告计划、市场营销计划和活动。
  ◇ 购买政策和退款政策。
  ◇ 客户研究数据、白皮书或研究。

- 所有合同
  ◇ 保密协议或竞业禁止协议、保证书。
  ◇ 公司的采购订单、报价、发票或保修卡。
  ◇ 担保协议、按揭贷款、抵押品质押。
  ◇ 意向书、合同、已签署并购交易的交割文字记录。
  ◇ 经销协议、销售协议、认购协议。
  ◇ 所有贷款协议、重大租赁、信贷额度或本票。
  ◇ 公司高级职员、董事或负责人之间的合同。
  ◇ 股份购买协议或其他认股权。

- **法务和合规**
  - ◊ 代表公司的所有律师和律师事务所及其执业范围。
  - ◊ 未决诉讼或诉讼威胁。
  - ◊ 未获清偿判决。
  - ◊ 所有保险的承保范围和保单。
  - ◊ 所有专业执照和许可证。
  - ◊ 所有公司专利、商标和版权。
  - ◊ 产品发明、配方、诀窍或技术知识。
  - ◊ 所有拥有权利的数据和数字信息。
  - ◊ 所有雇佣作品或咨询协议。
  - ◊ 数据收集实践。
  - ◊ 隐私和使用条款。

- **人力资源**
  - ◊ 员工花名册和组织结构图。
  - ◊ 员工合同和独立承包商协议。
  - ◊ 工资表信息和员工税表。
  - ◊ 人力资源政策和程序。
  - ◊ 员工福利、退休计划和保险。
  - ◊ 与有人愿意收购你的公司相关的其他资料。

最重要的是，如果有买家提出收购要约，在评估之前，请务必先想清楚：你最终想要出售自己创办的公司，想留在身后的究竟是什么？你投入了许多辛勤的汗水，才创办和发展了这家公司，像现在这样的公司只会存在一次。请花一点时间想清楚这个问题，免得日后把公司卖掉了才后悔。如果你确定自己愿意出售公司，那么接下来，就要想清楚理想的收购要约是怎样的。每份收购合同都不一样。所以，你大可发挥创意，拟定满足自己目标的交易条款。记住，这个交易只会做一次——不要随随便便就做了。

三、引导式冥想：你想把什么留在身后

深吸一口气，在身体内找到自己的中心，也就是自己最深处，最清楚自己是谁的地方。

始终提醒自己，一切都是暂时的。所有身体都会终结。所有故事都会终结。这个机会是有限的、宝贵的、独特的。知道这一点，自有美妙之处。

记住了这一点，你希望自己的故事有怎样的结尾？

想象最美好的结尾。你看到了什么？你希望把什么留在身后？请留意身体感受、质地和具体意象。

你希望自己的故事有怎样的结尾?

四、本章要点

- 要很有针对性地保持能见度,给自己被人发现的机会,创造机会。
- 如果感觉某个机会有点儿不对劲,请相信会有更好的机会。
- 维持干净的财务记录和公司成立记录。
- 努力实现盈利,这对潜在收购方来说是极具吸引力的。
- 面对两难处境,从情绪、身体、精神和财务的角度出发,做成本收益分析,把问题想清楚。
- 这个交易只会做一次——不要随随便便就做了。
- 创造出优秀的成果,也要做好放手的准备。无论是企业、艺术品还是孩子,每件杰作总有一天都会拥有自己的生命。

结　语

1939年1月，在波兰索科洛（Sokolow），有个女人名叫马尔克·贝克曼（Malke Bekerman）。她26岁，身材矮小敦实，被纳粹士兵拿枪指着，靠在冰冷的墙上。士兵穿着笔挺的灰色制服，袖子、帽子和翻领上都有万字符。

士兵从裤袋里掏出一把锋利的剪刀，从发根处把她褐色头发扎成的两根长辫子剪掉。辫子就像被粗暴截断的肢体，掉到冰冷的水泥地上。

当时人们所遵循的传统模式是在出生地生活一辈子。马尔克没有遵循这个模式。她身上还带着创伤，就登上了一艘难民船，横渡大西洋。

她到了乌拉圭首都蒙得维的亚，除了身上的衣服，一无所有。每一天，马尔克都想回到波兰。在那里，至少有熟悉的语言和熟悉的人。可是，回国就意味着放弃自己的生命，放弃自己一颗跳动的心。马尔克留下来了，在乌拉主工作成家。她分娩时严重难产，医生用了镊子和真空吸引器，她才把我父亲生下来。

我的祖母马尔克是无名英雄。她凭着生存本能，留下了丰富的遗产。有了她，才有现在的我。我的祖母选择抛开传统模式，利用自己能够调动的资源，挽救了自己的生命，也开始为家人编织一张安全网。我的父母辛勤工作，从乌拉圭移民到美国，在这张安全网上加针，让我的生存变得轻松得多。现在，我在这里，轮到我给这张安全网加几针了。我也不遵循传统模式。

像这样不遵循传统模式，艰难地生存下来，这样的故事是很可贵的。我们可以从中看到，只要我们不放弃，走出自己的路，遵循自己的本能，接受上天给予的帮助和赐予的礼物，可以得出怎样的结果。

创业是艰难的过程，其本身就是一场生死之战。我相信，生存下来的创业者都应该发出自己的声音，让大家可以了解真相：创业没有模式，世上有千百万种方法，可以去创造而后取得成功，产生影响力。

因此，到最后，我想留给你这些祝愿：

- 愿你找到灵感和勇气去开始。

结 语

- 愿你在挣扎中实现超越,创造出符合自己宗旨的成果。
- 愿你摒弃社会给性别、种族、国籍、年龄等方面贴上的标签。
- 愿你的初创企业成为前行的工具,助力你和你所在的社区在个人、职业和财务方面实现成长/增长。
- 愿你走出自己的路,走出适合自己的路,即使前人没有走过也无妨。
- 愿你明白,世上只有一个你,世界在等待你怀着真诚的心,创造出有价值的成果。

这本书只是一个故事——一个创始人,一家初创企业,一系列情况,一组经验教训。

请继续追寻。

最重要的是,开始活出你自己的创业故事。

致　谢

感谢我的祖辈：马尔克·贝克曼、艾萨克·莱佐伊（Isacc Ryzowy）、奥费利娅·福赫格尔（Ofelia Fojgel）和马里奥·佐尼斯（Mario Zonis）。他们在仇恨的大屠杀中幸存下来，移民到从未见过的土地，从零开始，在和平的环境中坚持不懈。感谢我的阿姨克拉拉·佐尼斯（Clara Zonis），是她帮忙抚养我长大。

感谢我的父亲沃尔特·莱佐伊（Walter Ryzowy）。他怀着创业精神，举家从乌拉圭移民到美国。愿你在喜乐中安息。如果不是你追逐美国梦，这一切都不会发生。

感谢我的母亲奥尔加·莱佐伊（Olga Ryzowy）。是她把辛勤工作和"把事情做好"的基因以最强大的变异体传给了我，也每天激励我无论遇到什么困难，都坚持不懈。

感谢我两个弟弟和他们的配偶：雅维耶·莱佐伊（Javier Ryzowy）和莎娜·沃德·莱佐伊（Shana Ward Ryzowy）

给了我坚定的支持和鼓励；乔尔·莱佐伊（Joel Ryzowy）和阿曼达·莱佐伊（Amanda Ryzowy）给了我无条件的支持与爱，并愿意为我提供实际的帮助，为我牵线搭桥。

感谢我的延伸家庭成员提供支持：叶斯菲拉·施皮尔贝格（Esfira Shpilberg）、鲍里斯·施皮尔贝格（Boris Shpilberg）、莫伊舍·雷特曼（Moyshe Rekhtman）、舒拉·雷特曼（Shura Rekhtman）、托瓦·费尔德舒（Tovah Feldshuh）、安迪·利维（Andy Levy）、蕾切尔·烈延托维奇（Rachel Reyentovich）、艾琳·皮克（Irene Piker）、埃里克·皮克（Eric Piker）、朱莉娅·皮克（Julia Piker）、妮科尔·皮克（Nicole Piker）、艾达·皮克（Ida Piker）、耶尔·莱佐伊（Yael Ryzowy）、阿里耶尔·莱佐伊（Ariel Ryzowy）、耶尔·里佐伊（Yael Rizowy）、迈克尔·里佐伊（Michal Rizowy）和布赖恩·里佐伊（Brian Rizowy）。

感谢在我最需要的时候，把我视若己出的长辈：佩斯大学（Pace University）教授迈克尔·曾伯格（Michael Szenberg）博士和埃伦·韦斯布罗德（Ellen Weisbord）博士、我在摩根大通（JP Morgan）的第一位上司朱迪·坦登（Judy Tandon），还有奥尔加·拉米雷斯（Olga Ramirez）。

感谢诺拉公司的团队：杰夫·唐（Jeff Tong）（音译）、

致 谢

马克·茹安（Mark Joing）、保罗·权（Paul Kwon）（音译）、吉尔·詹内通尼（Jill Giannetonni）、薇拉·沃洛沃迪乌克（Vera Wolowodiuk）、克里斯·麦克莱恩（Chris McClain）和陈宇（Chen Yu）（音译）。他们提供了起步的平台，给予我很多鼓励，也做出了实际工作。

感谢 Seeker Health 的忠实支持者：伯纳德·帕克（Bernard Parker）、黛安娜·韦泽（Diane Weiser）、科里·巴特利特（Cory Bartlett）、戴夫·卡波内拉（Dave Caponera）、南希·威尔逊（Nancy Wilson）、丹·布伦南（Dan Brennan）、维卡·博伊科（Vika Boyko）、埃米·伯勒斯（Amy Burroughs）、卡伦·马库里（Karen Makhuli）、迈克尔·沃德（Michael Ward）、桑迪普·朱特拉（Sandeep Jutla）、乔尔·罗伯茨（Joel Roberts）、珍妮·凯尼恩（Jennie Kenyon）、朱莉·米勒（Julie Miller）、斯泰茜·哈特（Stacey Harte）、艾丽西亚·米勒（Alicia Miller）、安德烈亚·沙茨（Andrea Schatz）、伊冯娜·卢（Yvonne Luu）、约翰·克雷格黑德（John Craighead）、伊翁内尔·约翰逊（Hyonelle Johnson）、AJ.乔希（AJ Joshi）、约翰·迪顿（John Ditton）、克里斯廷·斯科特（Kristin Scott）、查尔斯·沃尔富斯（Charles Wolfus）、西尔维娅·帕斯夸尔（Silvia Pascual）、达尼·海

伍德（Dani Heywood）、安德烈亚·约翰斯顿（Andrea Johnston）、贾森·莱文（Jason Levin）、勒妮·加拉（Renee Gala）、斯科特·乔丹（Scott Jordan）、肯·马丁（Ken Martin）、丹·马厄（Dan Maher）、埃米·沃特豪斯（Amy Waterhouse）、布鲁诺·加尼翁（Bruno Gagnon）、杰米·拉索（Jamie Russo）和文森特·克诺贝尔（Vincent Knobel）。没有你们，就没有这一切。

感谢我的顾问委员会成员：丹·奥本海默（Dan Oppenheimer）、芭芭拉·伯顿（Barbara Burton）、卢克·热利纳（Luke Gelinas）和肯德拉·戈特莱本（Kendra Gottlebben）。感谢你们提出建议，更感谢你们敞开心扉。

感谢乔治·巴芬顿（George Buffington）和克里斯·阿巴托（Chris Abato）。是你们在交易交割过程中，提供法务和尽职调查方面的支持。

感谢吉姆·兰（Jim Lang）、格雷格·罗比塔耶（Greg Robitaille）、埃里克·比谢伊（Eric Bishea）、塞思·戈登（Seth Gordon）、蒂姆·格特曼（Tim Guttman）、弗兰克·斯特纳（Frank Sterner）、萨拉·兹维基（Sarah Zwicky）、赫柏·伯杰（Hebe Berger）、达米·谢泼德（Dami Sheppard）、弗雷德·斯金纳（Fred Skinner）、佛朗

致　谢

哥·斯普拉金斯（Franco Spraggins）、丹·博贝尔（Dan Bobear）、妮科尔·皮塔涅洛（Nicole Pitaniello）、克里斯廷·菲利普斯（Kristin Phillips）、克里斯蒂娜·韦尔（Christina Vail）、比尔·奥布里翁（Bill O'Bryon）、梅甘·琼斯（Megan Jones）、法鲁克·阿卜杜拉（Faruk Abdullah）、约迪·塞韦里奥（Jodi Ceberio）、杰夫·李普曼（Jeff Lipman）、赫布·李（Herb Lee）、卡罗琳·库翁（Carolyn Quon）和卡萝尔·拉姆（Carol Lam）。能够遇见像你们这样能力出众、乐于奉献、一心为患者服务的专业人士，是我的荣幸。

感谢我的朋友：伊拉娜·勒斯特加滕（Ilana Lustgarten）、绍穆·德雷泽尔（Samu Dresel）、里耶尔·席莱夫斯基（Iejiel Chilewski）、埃塞尔·贝伦戈尔克（Ethel Berengolc）、克劳迪娅·舒斯特（Claudia Shuster）、蕾切尔·迈耶（Rachel Mayer）、金·舒伊（Kim Schuy）、妮科尔·伦尼（Nicole Rennie）、帕蒂·韦克斯勒（Patty Wexler）、艾丽西亚·绍拉（Alicia Saura）、萨拉·莱什纳（Sarah Leshner）、安妮·贝利（Anne Bailey）、卡罗琳·科林斯（Caroline Collins）、科琳·莫里斯（Colleen Morris）、科勒泰·特贝维尔（Collete Turbeville）、肖恩·特贝维尔（Sean Turbeville）、詹妮特·斯沃图特·利尔（Jennette Swartout Leal）、

伊莱恩·博克瑟（Elaine Boxer）、洛里·德鲁德（Loree Draude）、詹娜·费希尔（Jenna Fisher）、拉莫娜·佩尔绍德（Ramona Persaud）、卡拉·祖鲍伊（Kara Zubey）、洛丽·蒂尔尼（Lori Tierney）、朱莉·利思科特-海姆斯（Julie Lythcott-Haims）、南希·麦金太尔（Nancy McIntyre）、埃米·卡切（Amy Kacher）、玛丽安娜·布兰迪（Mariana Brandi）、阿林娜·森德宗（Alina Senderzon）和考特妮·穆尔（Courtney Moore）。还要感谢阿妮娅·沙皮纳（Anya Shapina）和科林·库克（Colin Cook）阅读早期的草稿。

感谢我"觉知"社区的成员：雅伊梅·普列托（Jaime Prieto）、罗米·埃朗（Romi Elan）、南希·拉罗卡·赫德利（Nancy Larocca Hedley）、阿利·阿什（Aly Ash）博士、扎哈瓦·格里斯（Zahava Griss）、米娅·布莱斯德尔（Mia Blaisdel）、辛迪·纳尔逊（Cindy Nelson）、蒂洛·托伦斯（Tilla Torrens）、卡塔·德舍纳（Katt Deschene）和卡佳·果戈利（Katya Gogol）。

感谢我的高管教练查尔斯·罗斯，是你帮我找到了清晰的思路，给了我莫大的帮助。桑德拉A和桑德拉B[①]都

[①] 指作者的A型人格和B型人格。——译者注

致　谢

感谢你看到我们。

感谢 Seeker Health 过去和现在的团队成员：瓦妮莎·科拉多（Vanessa Collado）、德沃拉·德卡瓦略（Debora de Carvalho）、莎伦·弗朗西斯（Sharon Francis）、纳迪娅·埃斯皮诺萨（Nadia Espinoza）、贝卡·特里普利特（Becca Triplett）、希瑟·埃尔南德斯（Heather Hernandez）、凯茜·文森特（Kathy Vincent）、埃米·耶（Amy Ye）、保罗·伊夫欣（Paul Ivsin）、拉梅什·萨米（Ramesh Samy）、克里斯蒂娜·沃尔夫（Kristina Wolfe）、詹娜·比利亚托罗（Jenna Villatorro）、埃德·德克尔（Ed Decker）、马克·克利平格（Mark Clippinger）、贾里德·佩特克（Jared Petker）和迈克·卡尔富斯（Mike Kalfus）。能够和你们一起把公司发展壮大，是我的荣幸。

感谢那些帮助我让这本书来到你手中的人：安娜莉丝·克林特（Annalis Clint）和"女助手制作公司"（Girl Friday Productions）的编辑团队、设计师和策划人员。感谢你们让这本书诞生的过程无痛而美丽。

感谢与我共度一生的伴侣菲尔，是你有时候给我指路，有时候鼓励我找到自己的路，也知道什么时候要双管齐下。让我们一起慢慢变老，一起增进对彼此的爱并加深伙伴关系。

感谢我的孩子们。你们是我的爱与生命。感谢你们参与这段征程——为我的公司命名，设计标志。为这本书命名——还愿意理解消化这一切，特别是在餐桌上听我们讨论息税折旧及摊销前利润（EBITDA）、估值倍数，以及从无到有的创造。

感谢我自己抱着开放的态度，愿意改变自己的心态，投身于未知，把 A 型人格与 B 型人格相结合，也投入时间分享自己所学到的。

最后，感谢你找到这本书，也让这本书找到你。

参考文献

（此部分内容来自英文原书）

1. Bailey, Chris. *Hyperfocus: How to Be More Productive in a World of Distraction*. New York: Viking, 2018.
2. Bernhard, Toni. *How to Wake Up: A Buddhist-Inspired Guide to Navigating Joy and Sorrow*. Boston: Wisdom Publications, 2013.
3. Carroll, Ryder. *The Bullet Journal Method: Track the Past, Order the Present, Design the Future*. New York: Portfolio/Penguin, 2018.
4. Cleveland, Bruce. *Traversing the Traction Gap*. New York: Radius Book Group, 2019.
5. Duckworth, Angela. *Grit: The Power of Passion and Perseverance*. New York: Scribner, 2016.
6. Dweck, Carol S. *Mindset: The New Psychology of Success*. New York: Random House, 2006.
7. Feld, Brad, and Jason Mendelson. *Venture Deals: Be Smarter than Your Lawyer and Venture Capitalist*. Hoboken, NJ: Wiley, 2013.
8. John, Daymond, and Daniel Paisner. *The Power of Broke: How Empty Pockets, a Tight Budget, and a Hunger for Success Can Become Your Greatest Competitive Advantage*. New York: Crown Business, 2016.

9. Horowitz, Ben. *The Hard Thing about Hard Things: Building a Business When There Are No Easy Answers*. New York: Harper Business, 2014.
10. Larkin, Geri. *Plant Seed, Pull Weed: Nurturing the Garden of Your Life*. San Francisco: HarperCollins, 2009.
11. Manson, Mark. *The Subtle Art of Not Giving a F*ck: A Counterintuitive Approach to Living a Good Life*. New York: HarperCollins, 2016.
12. Nagoski, Emily, and Amelia Nagoski. *Burnout: The Secret to Unlocking the Stress Cycle*. New York: Ballantine Books, 2019.
13. Newport, Cal. *Deep Work: Rules for Focused Success in a Distracted World*. New York: Grand Central Publishing, 2016.
14. Ries, Eric. *The Lean Startup: How Today's Entrepreneurs Use Continuous Innovation to Create Radically Successful Businesses*. New York: Crown Business, 2011.
15. Seuss, Dr. (Theodor Seuss Geisel). *Oh, the Places You'll Go!* New York: Random House, 1990.